高等职业教育"十三五"创新型规划教材

电商基础:策略 运营 技术

总主编 李桂鑫 张秋潮
主　编 袁东升
副主编 朱良辉
编　委 陈志钦 林　颖 林　宇

北京理工大学出版社
BEIJING INSTITUTE OF TECHNOLOGY PRESS

版权专有　侵权必究

图书在版编目（CIP）数据

电商基础：策略　运营　技术 / 袁东升主编. —北京：北京理工大学出版社，2019.2（2019.3 重印）
ISBN 978-7-5682-6225-5

Ⅰ. ①电… Ⅱ. ①袁… Ⅲ. ①电子商务–教材 Ⅳ. ①F713.36

中国版本图书馆 CIP 数据核字（2018）第 195045 号

出版发行 / 北京理工大学出版社有限责任公司	
社　　址 / 北京市海淀区中关村南大街 5 号	
邮　　编 / 100081	
电　　话 / （010）68914775（总编室）	
（010）82562903（教材售后服务热线）	
（010）68948351（其他图书服务热线）	
网　　址 / http://www.bitpress.com.cn	
经　　销 / 全国各地新华书店	
印　　刷 / 涿州市新华印刷有限公司	
开　　本 / 710 毫米×1000 毫米　1/16	
印　　张 / 10	责任编辑 / 申玉琴
字　　数 / 179 千字	文案编辑 / 申玉琴
版　　次 / 2019 年 2 月第 1 版　2019 年 3 月第 2 次印刷	责任校对 / 周瑞红
定　　价 / 32.00 元	责任印制 / 李　洋

图书出现印装质量问题，请拨打售后服务热线，本社负责调换

前　言

　　电子商务有助于在商务活动中消除时空限制，减少中间环节，降低交易成本，提高服务质量，提高市场反应速度，促进产品与信息和服务的集成，打破传统垄断和规模限制。更为重要的是，电子商务能够使信息交流及其组织和控制变得非常方便、迅速和经济，使通过信息交流来组织和协调物流资金流和人力资源变得非常方便、迅速和经济，从而从根本上奠定企业运营的效率发展基础。电子商务能促成新的扁平化和直接化生产体系，使得供求双方能不受时空限制、低成本直接交易，使企业直接贴近市场和用户，从而大大降低市场运作成本和大大提高对市场的反应速度，实现低成本、边际成本递减的可持续增长。电子商务有助于形成新的以消费者为中心的需求驱动、服务驱动的经营方式，充分融合产品、信息和服务，强调个性化的新型经营方式，将企业的经营设计、产品创新、生产规划和作业调度都放到企业与消费者交互的过程中予以实现，从而使这些功能充分及时地体现消费者需要。电子商务还能强化产品和服务在信息和知识含量上的竞争，从而大大加快产品更新和服务重组。因此，可以说电子商务是产品和服务信息化知识化的体系，是整个商务体系信息化知识化的过程。电子商务在造就一个时空界限被彻底打破、竞争价格不断下降的市场环境时，将重新构造市场竞争格局，使任何企业都面临全面竞争，使企业不得不通过不断增加自己产品和服务的知识和技术含量来提高产品与服务的竞争力，通过不断开发新产品、新服务来定义新市场或重组市场。企业间的适度竞争演变为高度竞争，形成不断的对抗市场渗透和市场重组。

本书为揭阳市扬帆计划"十万电商人才培育工程"项目电子商务人才培训系列丛书之一。为进一步推进揭阳市十万电商人才培训，揭阳市委组织部牵头申报的"十万电商人才培育工程"项目获省"扬帆计划"2016年专项扶持资金支持。通过竞争性谈判，揭阳职业技术学院中标揭阳市委组织部扬帆计划"十万电商人才培育工程"项目，负责项目具体实施。电子商务正在发展和变化中，还有许多问题需要探索和解决，"十万电商人才培育工程"项目的实施，将进一步完善揭阳市电商人才培训体系，推动全市电商培训机构抱团发展，打造具有全国影响力的电商人才培训基地，为揭阳乃至整个粤东地区电子商务产业发展提供强有力的电商人才支撑。

　　电子商务人才培训系列丛书在编写的过程中得到中共揭阳市委组织部、揭阳职业技术学院等单位领导与同事的大力支持，在此表示衷心感谢。由于编者水平有限，书中存在不足之处，恳请广大读者提出宝贵的建议和意见。

编　者

目 录

第一章 电子商务的产生及时代背景 ·· 001
  1.1 电子商务的产生 ··· 001
  1.2 电子商务的定义 ··· 002
  1.3 理解电子商务：技术、商务、社会 ······························ 004
    1.3.1 技术 ··· 004
    1.3.2 商务 ··· 005
    1.3.3 社会 ··· 005
  1.4 电子商务下思维方式的变革 ······································ 006
  1.5 电子商务的影响 ··· 008
    1.5.1 电子商务对社会经济的影响 ························· 008
    1.5.2 电子商务对政府的影响 ································ 008
    1.5.3 电子商务对企业的影响 ································ 009
    1.5.4 电子商务对个人的影响 ································ 010

第二章 电子商务的发展及基本原理 ·· 013
  2.1 从传统商务到电子商务 ·· 013
  2.2 电子商务的发展 ··· 014
  2.3 电子商务在中国的发展 ·· 015
  2.4 电子商务基本原理 ·· 018

第三章 电子商务的商业模式 ··· 021
  3.1 商业模式的基本要素 ··· 021
    3.1.1 价值主张 ·· 022
    3.1.2 盈利模式 ·· 022
    3.1.3 市场机会 ·· 023
    3.1.4 竞争环境 ·· 024

     3.1.5 竞争优势···024
     3.1.6 营销战略···026
     3.1.7 组织发展···026
     3.1.8 管理队伍···027
  3.2 电子商务商业模式的分类·······································028
     3.2.1 B2B 商业模式··028
     3.2.2 B2C 商业模式··029
     3.2.3 C2C 商业模式··031

第四章 网络营销应用···033
  4.1 网络营销概述···033
  4.2 网络营销的层次···035
  4.3 网络营销的分类···037
  4.4 网络营销的基本功能···038
  4.5 传统市场营销与网络营销·····································039
  4.6 网上市场调研···041

第五章 电子商务安全管理···045
  5.1 电子商务系统安全管理概述·····································045
     5.1.1 电子商务系统面临的安全问题·························045
     5.1.2 电子商务系统的安全要求······························045
     5.1.3 电子商务系统的安全管理框架·························046
     5.1.4 电子商务系统的安全管理思路·························047
  5.2 电子商务的安全需求···048
     5.2.1 电子商务信息安全的要求······························048
     5.2.2 电子交易的安全需求····································050
     5.2.3 计算机网络系统的安全·································053
  5.3 电子商务网络安全技术···056
     5.3.1 防火墙技术···056
     5.3.2 虚拟专用网技术··057
     5.3.3 反病毒技术···058
     5.3.4 认证技术···061
  5.4 数据加密技术···065
     5.4.1 数据加密的原理··065

5.4.2　对称密钥加密技术 ···················· 066
　　5.4.3　非对称密钥加密技术 ················· 066

第六章　电子商务物流 ···················· 068
6.1　物流概述 ································· 068
　　6.1.1　物流的概念 ························· 068
　　6.1.2　物流的分类 ························· 069
　　6.1.3　物流系统的概念与组成 ············· 071
　　6.1.4　物流的基本功能 ···················· 072
6.2　电子商务物流的模式 ···················· 073
　　6.2.1　传统物流模式 ······················· 073
　　6.2.2　电子商务下的物流模式 ············· 075
　　6.2.3　第三方物流 ························· 079
　　6.2.4　企业自营物流 ······················· 080
　　6.2.5　物流联盟 ···························· 082
　　6.2.6　第四方物流 ························· 083

第七章　客户关系管理 ···················· 085
7.1　客户关系管理概述 ······················· 085
　　7.1.1　客户关系管理的概念 ··············· 085
　　7.1.2　客户关系管理的内涵 ··············· 086
　　7.1.3　客户关系管理解决的主要问题 ···· 088
7.2　客户价值分析 ···························· 089
　　7.2.1　客户价值的内涵 ···················· 089
　　7.2.2　客户满意和客户忠诚 ··············· 092
　　7.2.3　客户细分和客户服务 ··············· 095
　　7.2.4　关系营销理论 ······················· 099
7.3　客户关系管理系统和呼叫中心建设 ···· 100
　　7.3.1　客户关系管理系统的分类 ········· 100
　　7.3.2　客户关系管理软件系统 ············· 101
　　7.3.3　呼叫中心 ···························· 104
　　7.3.4　客户关系管理的数据管理与数据挖掘 ···· 104
　　7.3.5　客户关系管理的应用与发展 ······ 106

第八章 电子商务法律 … 109

8.1 电子商务法律概述 … 109
8.1.1 电子商务法律带来的新问题 … 109
8.1.2 电子商务法的特征 … 110
8.1.3 电子商务法的立法原则 … 111
8.1.4 加强电子商务法律体系的建设 … 114

8.2 电子商务知识产权与隐私权保护 … 115
8.2.1 电子商务版权问题 … 115
8.2.2 域名注册与域名保护 … 118
8.2.3 电子商务中隐私权保护问题 … 122
8.2.4 网上消费者权益保护 … 125

8.3 电子商务安全的法律规范 … 127
8.3.1 互联网络行业的准入管理 … 127
8.3.2 互联内容管理 … 127
8.3.3 互联网安全的制度保护 … 130
8.3.4 互联网信息保密管理 … 133

8.4 电子商务交易的法律规范 … 134
8.4.1 电子合同 … 134
8.4.2 电子签名的法律规范 … 135
8.4.3 电子认证的法律规范 … 136
8.4.4 网络交易客户与虚拟银行间的法律关系 … 138

8.5 对网络犯罪的法律制裁 … 139
8.5.1 网络犯罪的概念与特征 … 139
8.5.2 网络犯罪的种类及表现形式 … 140
8.5.3 网络犯罪的防范制裁 … 142

参考文献 … 145

第一章 电子商务的产生及时代背景

 ## 1.1 电子商务的产生

随着互联网的普及与发展，电子商务正以势不可当之势，改变着企业的经营方式、商务交流的方式、人们的消费方式以及政府机关等行政部门的工作方式，也越来越影响到整个社会的经济发展，并给社会经济的各个方面带来了根本性的变革。电子商务可应用于小到家庭理财、个人购物，大至企业经营、国际贸易诸方面。

电子商务（E-Business）的兴起，从真正意义上促进了经济全球化的加速。企业能否充分利用电子商务形成竞争优势，已成为其生存和发展的关键。在我国逐步融入经济全球化的进程中，企业电子商务的发展已成为紧跟世界潮流、参与国际竞争的重要方面。

电子商务推广应用是一个由初级到高级、由简单到复杂的过程，对社会经济的影响也是由浅入深、从点到面。从网上相互交流需求信息、发布产品广告，到网上采购或接收订单、结算支付账款，企业应用电子商务从少部分到大部分，直至覆盖全部业务环节。电子商务的产生与发展过程如图1.1所示。

没有互联网技术就没有电子商务运行的技术环境，没有经济全球化也就没有电子商务应用的市场经济支撑；没有20世纪60年代末EDI（Electronic Data Interchange，电子数据交换）在经济活动中的成功应用，也就没有电子商务发展的效益前景；没有知识经济时代高科技的发展和人们思想观念的改变，也不可能有电子商务模式的创新和发展。

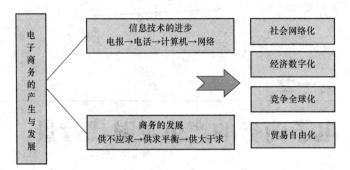

图 1.1 电子商务的产生与发展

随着不断加快的经济全球化进程以及信息技术的快速发展，商业运营模式的电子化将是一个必然趋势。目前，与信息技术有关的电子商贸、电子商务、基于安全数据交换协议的各类网上购物系统、供应链管理以及网络营销等活动的不断兴起，使得许多传统企业已经跟不上时代的发展和需求。相信在不久的将来，在科学技术不断发展的带动下，电子商务在社会经济生活中将得到更加全面的发展。

1.2 电子商务的定义

电子商务源于英文 Electronic Commerce，简写为 EC。顾名思义，其内容包含两个方面：一是电子方式；二是商贸活动。电子商务指的是利用简单、快捷、低成本的电子通信方式，买卖双方不见面地进行各种商贸活动。

事实上，目前还没有一个较为全面、较为确切的定义。各种组织、政府、公司、学术团体都是依据自己的理解和需要来给电子商务下定义的，下面是一些有代表性的定义。

定义 1：电子商务是通过电子方式，并在网络基础上实现物资、人员、过程的协调的商业交换活动。

定义 2：电子商务是数据（资料）电子装配线（Electronic Assembly Line of Data）的横向（Horizontal）集成。

定义 3：电子商务是由互联网创造的电脑空间（Cyber Space）超越时间和空间的制约，以极快的速度实现的电子式商品交换。

定义 4：电子商务是在计算机与通信网络的基础上，利用电子工具实现商业交换和行政作业的全部过程。

定义 5：电子商务是一组电子工具在商务中的应用。这些工具包括：电子数据交换（Electronic Data Interchange，EDI）、电子邮件（E-mail）、电子公告系统（BBS）、条码（Bar Code）、图像处理、智能卡等。

定义 6：《中国电子商务蓝皮书：2001 年度》认为，电子商务指通过互联网完成的商务交易。交易的内容可分为商品交易和服务交易，交易是指货币和商品的易位，交易要有信息流、资金流和物流的支持。

定义 7：加拿大电子商务协会给电子商务的定义是：电子商务是通过数字通信进行商品和服务的买卖以及资金的转账活动，它还包括公司间和公司内利用E-mail、EDI、文件传输、传真、电视会议、远程计算机联网所能实现的全部功能（如市场营销、金融结算、销售以及商务谈判）。

定义 8：美国政府在其《全球电子商务纲要》中比较笼统地指出：电子商务是指通过互联网进行的各项商务活动，包括广告、交易、支付、服务等活动，全球电子商务将会涉及全球各国。

定义 9：欧洲经济委员会在比利时首都布鲁塞尔举办了全球信息社会标准大会，会上明确提出了电子商务的定义：电子商务是各参与方之间以电子方式而不是以物理交换或直接物理接触方式完成任何形式的业务交易。这里的电子方式包括电子数据交换（EDI）、电子支付手段、电子订货系统、电子邮件、传真、网络、电子公告系统、条码、图像处理、智能卡等。

定义 10：世界贸易组织（World Tourism Organization，WTO）认为，电子商务是通过电子方式进行的货物和服务的生产、销售、买卖和传递。这一定义奠定了审查与贸易有关的电子商务的基础，也就是继承关贸总协定（General Agreement on Tariffs and Trade，GATT）的多边贸易体系框架。

定义 11：IBM 提出了一个电子商务的定义公式，即电子商务＝Web＋IT，它所强调的是在网络计算机环境下的商业化应用，是把买方、卖方、厂商及其合作伙伴在因特网（Internet）、企业内部网（Intranet）和企业外部网（Extranet）结合起来的应用。

定义 12：惠普提出电子商务以现代扩展企业为信息技术基础结构，电子商务是跨时域、跨地域的电子化世界。惠普电子商务的范畴按定义包括所有可能的贸易伙伴：用户、商品和服务的供应商、承运商、银行保险公司以及所有其他外部信息源的收益人。

广义地讲，电子商务是一种现代商业方法。这种方法通过改善产品和服务质量、提高服务传递速度，满足政府组织、厂商和消费者的降低成本和提高效率的需求。这一概念也用于通过计算机网络寻找信息以支持决策。一般地讲，今天的电子商务是通过计算机网络将买方和卖方的信息、产品和服务联系起来,而未来的电子商务则是通过构成信息高速公路的无数计算机网络中的一个网络将买方和卖方联系起来的通路。

一般而言,电子商务应包含以下五点含义:
- 采用多种电子方式,特别是通过互联网。
- 实现商品交易、服务交易(其中含人力资源、资金、信息服务等)。
- 包含企业间的商务活动,也包含企业内部的商务活动(生产、经营、管理、财务)。
- 涵盖交易的各个环节,如询价、报价、订货、售后服务等。
- 采用电子方式是形式,跨越时空、提高效率是主要目的。

综合以上分析,我们可以为电子商务做出如下定义。

电子商务是各种具有商业活动能力和需求的实体(生产企业、商贸企业、金融企业、政府机构、个人消费者……)为了跨越时空限制,提高商务活动效率,而采用计算机网络和各种数字化传媒技术等电子方式实现商品交易和服务交易的一种贸易形式。

1.3 理解电子商务:技术、商务、社会

全面理解电子商务对于教师和学生来说都是一件困难的事情,因为电子商务所涉及的领域太广泛,没有哪个独立学科能囊括电子商务的所有内容。只能把电子商务看作由三个相互联系的宽泛主题组成,即技术、商务和社会。这里的顺序并不代表其重要程度。本书所遵循的思路只是依照所要理解和描述的问题特性来列出这三个主题。不过,就像历史上技术驱动商务革命一样,这也是一个循序渐进的过程。技术总是最先发展的,紧接着就是这些技术在商务领域的开发和应用,而一旦技术在商务领域得到广泛运用,就会产生一系列的社会、文化和政治问题。

1.3.1 技术

数字计算和数字通信技术的大量应用是新涌现的全球数字经济也就是我们所说的电子商务的核心。要理解电子商务未来可能的发展,就需要对作为其基础的信息技术有一个基本的了解。电子商务首先是由技术驱动的,它依靠的是大量的

信息技术和发展了60多年的计算机科学。电子商务的核心是互联网和万维网。在这些技术的背后是大量对其作补充的技术，如PC、移动电话、智能终端、局域网、关系数据库、客户机/服务器处理、云计算、光纤交换等。这些技术位于复杂的商务应用程序的核心，这些商务应用系统包括企业计算机系统、供应链管理系统、制造资源计划系统以及客户关系管理系统等。电子商务要依赖所有这些技术，而不仅仅是互联网。互联网尽管明显脱离了企业以前的计算和通信技术，但仍是企业计算机应用革命的最近发展，是基于计算机的业务创新链上的一部分。

所以，要真正理解电子商务，还需要了解包交换通信、TCP/IP协议、客户机/服务器处理模式、云计算、移动数字平台、Web服务器、HTML等内容以及软件编程工具，如JavaScript和AJAX。

1.3.2 商务

在技术奠定了基础之后，接下来就是商务应用，它可以带来投资回报的巨大潜力，从而活跃电子商务，创造电子商务的吸引力。新技术为企业带来了组织生产和进行交易的新方法。新技术改变了现有企业的战略和规划：原有的战略已经陈旧过时，必须制定新的战略。新技术是伴随着新产品和新服务涌现出来的成千上万新企业诞生的温床，也是许多传统企业的坟墓，如唱片企业、书店和传统卖场等。要真正理解电子商务，需要熟悉基本的商务原理，如数字化电子市场的本质、数字产品、业务模式、企业和行业价值链、价值网、行业结构、数字市场中的消费者行为以及基本的财务分析。

1.3.3 社会

随着电子商务魅力的日渐显露，虚拟企业、虚拟银行、网络营销、网上购物、网上支付、网络广告等一大批前所未有的新词汇正在为人们所熟悉和认同，这些词汇同时也从另外一个侧面反映了电子商务正在对社会和经济产生影响，表现为以下几个方面。

（1）电子商务将改变商务活动的方式。传统的商务活动最典型的情景就是"推销员满天飞""采购员遍地跑""说破了嘴、跑断了腿"，消费者在商场中筋疲力尽地寻找自己所需要的商品。现在，通过互联网只要动动手就可以了，人们可以进入网上商场浏览、采购各类产品，而且能得到在线服务；商家可以在网上与客户联系，利用网络进行贷款结算服务；政府还可以方便地进行电子招标、政府采购等。

（2）电子商务将改变人们的消费方式。网购的最大特征是消费者是主导，购物意愿掌握在消费者手中；同时消费者能以一种轻松自由的自我服务的方式来完成交易，消费者主权可以在网络购物中充分体现出来。

（3）电子商务将改变企业的生产方式。由于电子商务是一种快捷、方便的购物手段，消费者的个性化、特殊化需求可以完全通过网络展现在生产厂商面前，为了取悦顾客、突出产品的设计风格，制造业中的许多企业纷纷发展和普及电子商务。

（4）电子商务将对传统行业带来一场革命。电子商务是在商务活动的全过程中，通过人与电子通信方式的结合，极大地提高商务活动的效率，减少不必要的中间环节，传统的制造业借此进入小批量、多品种的时代，"零库存"成为可能；传统的零售业和批发业开创了"无店铺""网上营销"的新模式；各种线上服务为传统服务业提供了全新的服务方式。

（5）电子商务将带来一个全新的金融业。由于在线电子支付是电子商务的关键环节，也是电子商务得以顺利发展的基础条件，随着电子商务在电子交易环节上的突破，网上银行、银行卡支付网络、银行电子支付系统以及网上接受服务、电子支票、电子现金等，将传统的金融业带入一个全新的领域。

（6）电子商务将转变政府行为。政府承担着大量的社会、经济、文化的管理和服务的功能，尤其作为"看得见的手"，在调节市场经济运行、防止市场失灵带来的不足方面有着很大的作用。在电子商务时代，企业应用电子商务进行生产经营、银行实行金融电子化以及消费者实现网上消费的同时，对政府管理行为提出了新的要求，电子政府（或称"网上政府"）将随着电子商务发展而成为一个重要的社会角色。

总而言之，电子商务将带来一场史无前例的革命，其对社会经济的影响会远远超过商务本身。除上述影响外，它还将对就业、法律制度以及文化教育等带来巨大的影响。

1.4　电子商务下思维方式的变革

在社会由低级向高级发展的过程中，人类的思维方式也由低级向高级发展。

在这个过程中，技术的进步始终创造出新的思维方式，而新的思维方式又反过来影响人类社会的发展，形成一个发展的良性循环，如图1.2所示。

图 1.2　思维方式的产生及影响示意图

电子商务下思维方式具有以下几个特点。

（1）创造性。

在电子商务的环境中，人们的思维要更具有创造性，无论是个人还是企业要在多样化、个性化和快节奏的电子商务活动中求变、求新、求快、求异，要敢于打破原有的思维定式，善于创造出新的商业模式，惯于面对风险、承担风险。

（2）整体性。

网络思维是非线性的、多维互补的，因此我们的思维也必须是动态的、非线性的、整体的、全局的。网络和电子商务要求我们以整体的思维方式去思考：思考环状因果的互动关系（而不是线段似的因果关系）；思考一连串的变化过程（而不是片段的、一幕一幕的个别事件）。

电子商务下生产者和消费者思维要做出以下变革。

（1）时空观念的转换。

传统的时空观念正在生产者和消费者中发生变化，电子商务通过虚拟手段改变和缩小了传统市场的时间和空间界限，时间和空间的限制因素大大削弱。各方可以在任何时间、任何地点，以任何方式，在电子商务环境下从事商务活动。

（2）成本扩张的可能性。

网络经济和电子商务从根本上缩短了中间路径，即缩小了生产和消费之间的时间路径、空间路径和人际路径，使低成本扩张成为可能。

(3)营销观念的变革。

未来的网络营销的观念主要具有以下三个特点:速度、信用、服务。

未来的优势企业组织是动态协作组织,是知识联网组织。而且,网络技术的迅速发展、日益更新,都要求企业组织要不停顿地学习,尽快掌握新的技术与思维方式。

1.5 电子商务的影响

1.5.1 电子商务对社会经济的影响

电子商务是互联网技术发展日益成熟的直接结果,是网络技术发展的新方向。它不仅改变了企业本身的生产、经营和管理,而且对传统的贸易方式造成了巨大的冲击。电子商务最明显的标志便是增加了贸易机会、降低了贸易成本、提高了贸易效益。它大大地改变了商务模式,带动了经济结构的变革,对现代经济活动产生了巨大的影响,表现为以下几个方面。

(1)促进全球经济的发展。电子商务使贸易的范围空前扩大,从而引起全球贸易活动的大幅度增加,促使全球范围内的经济有一个良好的发展趋势。

(2)促进知识经济的发展。信息产业是知识经济的核心和最主要的推动力,而电子商务又站在信息产业的最前列,因此电子商务的发展必将直接或间接推动知识经济的发展。

(3)促进新兴行业的产生。在电子商务环境下,传统的商务模式发生了根本性的变化,社会分工将重新组合,因而会产生许多新兴行业来配合电子商务的顺利运转,如Internet服务提供商、Internet内容提供商、网上商店、网络银行和各种类型的网上搜索引擎等。还有,网上购物使送货上门成为一项极为重要的服务业务,从而出现快递公司、物流公司等专门从事送、配货业务的行业。因此,电子商务为社会创造了更多的就业机会和社会财富。

1.5.2 电子商务对政府的影响

政府对电子商务的支持态度将直接影响电子商务的发展,反过来,电子商务的发展也在一定程度上影响政府机构职能，转变政府行为，表现为以下几个方面。

（1）影响政府的政策导向。

电子商务具有全球性的特点，一切商务活动均建立在互联网上，其结果必然带来贸易环境的开放。因此，一个国家要发展市场经济，要发展电子商务，就必须施行开放政策，但这些和保护民族工业、保证信息安全和保护个人隐私等问题都有一定的矛盾，需要国家采取相应措施、制定相关的法律和政策来予以解决。

（2）政府机构的业务转型。

电子商务的发展需要政府部门介入企业的商务交易活动中，政府部门在这个加入过程中存在着相应的业务转型。例如，工商管理部门在电子商务环境下需对各类企业的经营活动进行管理，由于被管理对象已经集成到电子商务系统中，工商管理部门无法像从前一样来监督企业活动，就必须加入企业的电子商务交易活动中才能完成相关的工作；同样，国家税务部门也必须在电子商务环境下进行相关的业务转型，才能完成对电子商务交易活动的征税工作。管理者加入电子商务，可以更及时准确地获得企业信息，更严密地监督企业活动，并可以采用相应的技术手段进行执法，从而维护正常的经济秩序。同时，政府行政执法部门，如海关、商检、教育等部门，通过网络为社会提供了更加便捷、高效率、高质量的服务。

政府机构在安全认证中具有权威作用。在电子商务活动中，一切商务活动均在网上进行，交易的双方都无法确认对方的身份，如何取得对方的信任和保证电子交易的安全成为电子商务中最关键的问题。在网上确定对方的身份一般采用第三方认证的方法。这一角色应该由政府承担或指定相关部门机构来担当，它必须具备法律效力和权威性，才能进行电子商务活动的仲裁和各方信誉的保证。认证机构 CA 就是这样的第三方，它是一个权威机构，专门验证交易双方的身份。

1.5.3 电子商务对企业的影响

（1）电子商务将改变企业的生产方式。电子商务促成了直接经济的产生，取消了许多中间环节，一切将更加直接。大大缩短了生产厂家与消费者之间供应链的距离，改变了传统市场的结构，使敏捷生产战略得以实现。在信息经济中，零库存成为现实。中小企业都可进入这个开放的大市场，在互联网上，大家的机会是均等的，任何一家小公司都可能获得与 IBM 这种巨人一样的市场机会。这种市场进入方式的变化，降低了市场进入的壁垒。

（2）电子商务将给传统行业带来一场革命。电子商务是一种崭新的贸易形式，通过人与机结合的方式，可极大地提高商务活动的效率，减少不必要的中间环节。传统大批量生产的制造业进入小批量、多品种、个性化的大规模定制时代，"无店铺"和"网上营销"的新模式为传统企业的重新崛起提供了全新的工具。

（3）电子商务将带来一个全新的电子金融业。在线电子支付是电子商务的关键环节，也是电子商务得以顺利发展的基础条件，随着电子商务在电子交易环节上的突破，网上银行、银行卡支付网络、银行电子支付系统以及电子支票、电子现金等服务，将传统的金融业带入一个全新的领域。

（4）电子商务改变了企业的管理模式。电子商务将在一个广泛的领域中建立从消费者到企业以及整个贸易过程中所有相关角色之间的协同组合，把生产、采购、销售、广告、洽谈、成交、支付、税收等过程都集成在一个系统中，使企业缩短生产周期、降低成本、减少库存和产品的积压，同时通过与消费者和客户的直接沟通，及时了解市场动向，创造更多的销售机会，从而形成流通市场的良性循环。

1.5.4　电子商务对个人的影响

（1）生活方面。

随着电子商务的发展，在互联网上已形成了一个没有国界的虚拟社会，人们在这个虚拟社会中可以做许许多多从未想过的事情。坐在家里的电脑前，我们可以走进世界上任何一家网络商店，浏览所有的商品。再不用考虑是步行还是乘车到商店去购物，也不用担心时间太晚商店要关门，消费者只需要拥有一个银行账号，就可以在任何地点、任何时间、任何一家网上商店中购买自己所需要的商品，甚至是专门定做服装、首饰、皮鞋和食品等。我们还可以通过网络预订酒店房间、购买车（船、机）票、获得医疗咨询服务等。

在网上人们可以更广泛地交流，获得更多、更具体的信息。人们可以通过互联网与世界各地的人民交朋友，足不出户与朋友们一起聊天，不受时间、地点的限制。与传统传媒方式（如电视、广播、报纸、杂志等）相比，网上传播新闻和信息不仅快捷、时效性好，而且具有双向性（交互性），人们可以根据自己的需要来查询、搜索、获取新闻信息，并可以提出疑问、发表自己的观点和意见。

网上娱乐方式更加丰富多彩，人们坐在家中就可以点播自己所喜爱的电影和歌曲，在网上玩电子游戏，还可以在网上欣赏纽约百老汇的歌舞、维也纳金色大厅的交响乐和北京中国大剧院的京剧，甚至可以远隔重洋与某位高手下一盘围棋等。

总之，电子商务给我们带来更多的选择和更多的便利，改变着我们的生活方式、消费观念和娱乐形式，使我们的生活质量得到空前的提高，使人的个性得到充分的发挥。

（2）工作方面。

由于网络通信的快捷、安全和广域性，在电子商务环境下，办公的方式是灵活的。对于营销人员来说，整个交易过程都可以在网上进行，包括业务洽谈、签合同、发货和运输、结算支付等，不必把宝贵的时间花在旅途和谈判桌上。对于企业的老板来说，可以方便地坐在家或在旅途中处理各种事务，通过网络了解企业的生产和销售情况，了解客户对产品的需求，应用电子邮件来传递对各级管理人员的指令或计划，远程监控企业的正常运营。对于专业设计人员来说，可以通过电子邮件与客户联络业务，在网上与客户对设计方案进行讨论和交流，及时把设计成果传递给客户。许多职业可以在家中开展工作：教师在家中通过网络指导学生学习；医生在家中通过网络提供医疗咨询服务；各类咨询人员在家中通过网络提供咨询服务；编辑在家中通过网络编审、传送稿件；职业炒股、期货人员在家中通过网络从事交易，等等。

（3）学习方面。

互联网的广泛应用促使教育的内容和形式发生了革命性的变化。远程教育已为国内外众多大学所采用，在美国、欧洲，许多知名的大学均开设了自己的网络大学，国内的清华大学、中国人民大学、北京邮电大学、哈尔滨工业大学、浙江大学、湖南大学等也陆续开设了网络大学并受到人们的欢迎。网络大学以计算机技术和网络通信技术为依托。在教育方式方面，交互式的网络多媒体技术给人们的教育带来了很大的方便，远程的数字化课堂让很多人的教育问题得到解决。讲课、作业、讲评，一切都在网络上进行。网络大学作为远程教育的一种方式，打破了时间和空间的限制，为越来越多的人所接受。网络大学需要的管理机构和人员少，教育成本低、效果好，可以充分发挥名校师资和教材的优势，低投入、高产出地完成高质量的教育。

目前，各个大学的国家精品课程、省级精品课程、校级精品课程均通过网络对全社会免费开放，使任何人都可以通过网络免费自修，学习自己最需要和最感兴趣的课程。

  网上许多个人的免费教学网站、专业的收费或免费教学网站与培训网站，亦为社会提供了大量的教育与培训资源，为需要学习和培训以及从事教育培训的人提供了便利。

第二章
电子商务的发展及基本原理

在现代信息社会中，电子商务可以使掌握信息技术和商务规则的企业和个人系统地利用各种电子工具和网络，高效率、低成本地从事各种以电子方式实现的商业贸易活动。

从应用和功能方面来看，可以把电子商务分为三个层次，即SHOW、SALE、SERVE。

SHOW（展示），就是提供电子商情，企业以网页方式在网上发布商品及其他信息和在网上做广告等。通过SHOW，企业可以树立自己的企业形象，扩大企业的知名度，宣传自己的产品的服务，寻找新的贸易合作伙伴。

SALE（交易），即将传统形式的交易活动的全过程在网络上以电子方式来实现，如网上购物等。企业通过SALE可以完成交易的全过程，扩大交易范围，提高工作效率，降低交易成本，从而获取经济效益和社会效益。

SERVE（服务），指企业通过网络开展的与商务活动有关的各种售前和售后的服务。通过这种网上的SERVE，企业可以完善自己的电子商务系统，巩固原有的客户，吸引新的客户，从而扩大企业的经营业务，获得更大的经济效益和社会效益。

2.1 从传统商务到电子商务

电子商务的突飞猛进是现代经济发展的必然。电子商务的发展增加了交易机会，降低了交易成本，提高了交易效率，简化了交易流程，改变了交易模式，带动了经济变革。传统商业贸易形态在电子商务的冲击下,面临严峻的挑战。从电子商务的产生和发展来看,与传统商业相比,电子商务有许多新的特点。电子商务既是对传统商业的一个挑战,也使传统商业有了飞跃。可以肯定,随着电子商务的发展,商业领域将呈现出一片新景象。

虽然商贸交易过程中的实务操作步骤都是由交易前的准备、贸易的磋商、合同的签订与执行以及资金的支付四个环节构成的,但是传统商务和电子商务的运作过程中,具体使用的运作方法是完全不同的,如表2.1所示。

表2.1 传统商务与电子商务的区别

项目	传统商务	电子商务
交易对象	部分地区	世界各地
交易时间	在规定的营业时间内	实施一周7天×24小时服务
营销推动	销售商单方努力	交易双方一对一沟通,是双向的
顾客购物方便度	受限于时间、地点及店主态度	按自己的方式,无拘无束地购物
顾客需求把握	商家需花很长时间掌握顾客需求	能快速捕捉顾客的需求并及时应对
销售地点	需要销售空间(店铺、货架和仓库)	虚拟空间(提供商品列表和图片)
销售方式	通过各种关系买卖,方式多样	完全自由购买
流通渠道	流通环节复杂,流通成本高	简化了流通环节,降低了流通成本

2.2 电子商务的发展

按照各个时期有代表性的不同技术,可以将电子商务的发展历程划分成以下四个阶段。

第一阶段:EFT时代。 20世纪70年代,银行间电子资金转账(Electronic Funds Transfer,EFT)开始在安全的专用网络上推出,它改变了金融业的业务流程。电子资金转账是指通过企业间通信网络进行的账户交易信息的电子传输,它以电子方式提供汇款信息,从而使电子结算实现了最优化。这是电子商务最原始的形式之一,也是最普遍的形式。

第二阶段：电子报文传送技术。从20世纪70年代后期到80年代早期，电子商务以电子报文传送技术（如电子数据交换EDI）的形式在企业内部得到推广。电子报文传送技术减少了文字工作并提高了自动化水平，从而简化了业务流程。电子数据交换（EDI）使企业能够用标准化的电子格式与供应商之间交换商业单证（如订单）。例如，如果将电子数据交换与准时化（Just in Time，JIT）生产相结合，供应商就能将零件直接送到生产现场，节约了企业的存货成本、仓储成本和处理成本。

20世纪80年代晚期到90年代早期，电子报文传送技术成为工作流技术或协作计算系统（也称为群件）中不可分割的部分。Lotusotes是这种系统的代表。群件的主要功能就是将现有的非电子方法"嫁接"到电子平台上去，以提高业务流程的效率。

第三阶段：联机服务。在20世纪80年代中期，联机服务开始风行，它提供了新的社交交互形式（如聊天室），还提供了知识共享的方法（如新闻组和FIP）。这就为互联网用户创造了一种虚拟社区的感觉，逐渐形成了"地球村"的概念。同时，信息访问和交换的成本已降得很低，而且范围也在空前扩大，全世界的人都可以相互沟通。

第四阶段：20世纪90年代中期到现在，互联网上出现了万维网（WWW）应用，这是电子商务的转折点。万维网（WWW）为信息出版和传播方面的问题提供了简单易用的解决方案，万维网（WWW）带来的规模效应降低了业务成本，它所带来的范围效应则丰富了企业业务活动的多样性。万维网（WWW）也为小企业创造了机会，使它们能够与资源雄厚的跨国公司在平等的技术基础上竞争。

目前，电子商务出现了许多新的发展趋势，如与政府的管理和采购行为相结合的电子政务服务，与个人手机通信相结合的移动商务模式，与娱乐和消遣相结合的网上游戏经营等等都得到了很好的发展。

2.3　电子商务在中国的发展

自1995年萌芽至今，在不到20年的时间，中国电子商务经历了从"工具"（点）、"渠道"（线）到"基础设施"（面）三个不断扩展和深化的发展过程。并且在"基础设施"上进一步催生出新的商业生态和新的商业景观，进一步影响和加速传统产业的"电子商务化"，进一步扩展其经济和社会影响，"电子商务经济体"

开始兴起。

中美成为全球互联网经济体中最耀眼的"双子星座"。据标普资本的数据显示,当今全球互联网10强企业中,美国占6家,中国占4家。在全球25大互联网公司中,美国和中国互联网公司所占席位比例是14:6(数据来自KPCB)。美国的互联网公司如苹果、谷歌、亚马逊和Facebook仍然是领导者,但中国互联网公司如腾讯、百度、阿里巴巴、京东商城、唯品会等势头颇猛,正在迎头赶上。

电子商务从工具、渠道、基础设施到经济体的演进,不是简单的新旧替代的过程,而是不断进化、扩展和丰富的生态演进过程。中国电子商务发展有以下四个阶段。

(一)工具阶段(1995—2003年)

这个阶段,是互联网进入中国的探索期、启蒙期。中国电子商务以企业间电子商务模式探索和发展为主。早期,应用电子商务的企业和个人主要把电子商务作为优化业务活动或商业流程的工具,如信息发布、信息搜寻和邮件沟通等,其应用仅局限于某个业务"点"。

从1995年5月9日,马云创办中国黄页,成为最早为企业提供网页创建服务的互联网公司开始,到1997年垂直网站中国化工网的成立,再到1999年8848、携程网、易趣网、阿里巴巴、当当网等一批电子商务网站先后创立。1999年年底,正是互联网高潮来临的时候,国内诞生了370多家从事B2C的网络公司,到2000年,变成了700家,但随着2000年互联网泡沫的破灭,纳斯达克急剧下挫,8848等一批电子商务企业倒闭,2001年,人们还有印象的只剩下三四家。随后电子商务经历了一个比较漫长的"冰河时期"。

(二)渠道阶段(2003—2008年)

这个阶段,电子商务应用由企业向个人延伸。2003年,"非典"的肆虐令许多行业在春天里感受到寒冬的冷意,但却让电子商务时来运转。电子商务界经历了一系列的重大事件。例如,2003年5月,阿里巴巴集团成立淘宝网,进军C2C市场。2003年12月,慧聪网香港创业板上市,成为国内B2B电子商务首家上市公司。2004年1月京东涉足电子商务领域。2007年11月,阿里巴巴网络有限公司成功在香港主板上市。国家也出台了一系列重大文件,为电子商务发展带来了深远的影响。2004年3月,国务院常务会议审议通过《中华人民共和国电子签名法(草案)》;2005年1月,国务院办公厅下发《关于加快电子商务发展的若干意见》(国办发〔2005〕2)（多称"二号文件"）。2007年6月，国家发改委、国务院信息化工作办公室联合发布我国首部电子商务发展规划——《电子商务发展"十一五"规划》，我国首次提出发展电子商务服务业的战略任务。2007年，商务部先后发布了《关于网上交易的指导意见（暂行）》《商务部关于促进电子商务规范发展的意见》，构筑了电子商务发展的政策生态。

同时，随着网民和电子商务交易的迅速增长，电子商务成为众多企业和个人的新的交易渠道，如传统商店的网上商店、传统企业的电子商务部门以及传统银行的网络银行等，越来越多的企业在线下渠道之外开辟了线上渠道。2007年，我国网络零售交易规模561亿元。网商随之崛起，并逐步将电子商务延伸至供应链环节，促进了物流快递和网上支付等电子商务支撑服务的兴起。

（三）基础设施阶段（2008—2013年）

电子商务引发的经济变革使信息这一核心生产要素日益广泛运用于经济活动，加快了信息在商业、工业和农业中的渗透速度，极大地改变了消费行为、企业形态和社会创造价值的方式，有效地降低了社会交易成本，促进了社会分工协作，引爆了社会创新，提高了社会资源的配置效率，深刻地影响着零售业、制造业和物流业等传统行业，成为信息经济重要的基础设施或新的商业基础设施。越来越多的企业和个人基于和通过以电子商务平台为核心的新商业基础设施降低交易成本、共享商业资源、创新商业服务，也极大地促进了电子商务的迅猛发展。

2008年7月，中国成为全球"互联网人口"第一大国。中国互联网络信息中心（CNNIC）统计，截至2008年6月底，我国网民数量达到2.53亿，互联网用户首次超过美国，跃居世界第一位。2010年"两会"期间，温家宝总理在2010年《政府工作报告》中，明确提出要加强商贸流通体系等基础设施建设，积极发展电子商务，这也是首次在全国两会的政府工作报告中明确提出大力扶持电子商务。2010年10月，麦考林登陆纳斯达克，成为中国内地首家B2C电子商务概念股，同年12月，当当网在美国纽约证券交易所挂牌上市。2011年，团购网站迅猛发展，上演千团大战局面，中国团购用户数超4 220万。2012年，淘宝商城更名"天猫"独立运营，品牌折扣网站唯品会在纽交所挂牌交易，2012年度淘宝和天猫的交易额突破10 000亿元，"双十一"当天交易规模362亿元。2013年，阿里巴巴和银泰集团、复星集团、富春集团、顺丰速运等物流企业组建了"菜鸟"，计划在8~10年内建立一张能支撑日均300亿网络零售额的智能物流骨干网络，让中国任何一个地区做到24小时内送货必达。

（四）经济体阶段（2013年以后）

2013年中国超越美国，成为全球第一大网络零售市场。2013年，我国电子商务交易规模突破10万亿元大关，网络零售交易规模达1.85万亿元，相当于社会消费品零售总额的7.8%。2014年2月，中国就业促进会发布的《网络创业就业统计和社保研究项目报告》显示，全国网店直接就业总计962万人，间接就业超120万，成为创业就业新的增长点。2014年6月，我国网络购物用户规模达到3.32亿，我国网民使用网络购物的比例为52.5%。2014年4月，聚美优品在纽交所挂牌上市。5月京东集团在美国纳斯达克正式挂牌上市。9月，阿里巴巴正式在纽交所挂牌交易，发行价每股68美元，成为美国历史上融资额最大规模的IPO。2014年，我国快递业务量接近140亿件，跃居世界第一。我国快递业务量已经连续44个月同比、累计增长平均增幅均超过50%，李克强先后五次对快递业点赞。2015年5月，国务院印发了《关于大力发展电子商务加快培育经济新动力的意见》（国发〔2015〕24号），进一步促进了电子商务在中国的创新发展。

网络零售的蓬勃发展促进了宽带、云计算、IT外包、网络第三方支付、网络营销、网店运营、物流快递、咨询服务等生产性服务业的发展，形成庞大的电子商务生态系统。电子商务基础设施日益完善，电子商务对经济和社会影响日益强劲，电子商务在"基础设施"之上进一步催生出新的商业生态和新的商业景观，进一步影响和加速传统产业的"电子商务化"，促进和带动经济整体转型升级，电子商务经济体开始兴起。

2.4 电子商务基本原理

交易进行的条件是：需求双方有信息需求的愿望；信息需求的愿望有转化为行为动机的要求；行为动机有促使交易实现的目的；交易实现有达到欲望满足的需求。

作为行为分析，上述交易实现和完成的整个过程是：

信息需求→行为动机→交易实现→欲望满足

无论是何种交易形式，参与交易的各主体都有上述的共同行为方式。电子商务是一种现代高科技形式的网上新型的商务活动形式，它同样遵循上述的行为方式，不同的是新的商务交易形式较之旧的交易形式更有上述行为冲动的强烈动机和目的。无论是信息需求、行为动机还是欲望满足，较之旧的交易方式将更强烈。因此，分析电子商务的基本原理不能忽略对参与电子商务各交易主体的行为模式、愿望和动机的分析。

目前我国市场的主要交易形式是在建立市场中现场的实物货币的交易方式，因此，作为商务活动的思考都是放在区域性的大的专业市场和超级连锁商店销售模式的建立上，而小的则是特色经营和便民销售模式，只有这样才能在目前的市场环境下发展和生存。随之而来的市场就出现代理人、批发商、经销售、服务中介机构等各类为生产和消费服务的中间环节，在这样的发展格局下，竞争越来越加剧。为了降低成本，让利于消费者，必然要减少销售的中间环节。这是市场交易发展的新的趋势，也是市场发展到一定规模的必然，不上规模生意就越来越难做，规模效益变成现代商业生存的基础。竞争给商业带来活力和生机，但竞争的白热化以及不断地上规模也会加大竞争的成本，而最终会扼杀竞争，使得给市场提供补充和服务的中小经营者没有生存和发展的空间，因为他们没有充足的资金规模发展。而这必将给现代规模商业的发展带来新的悲哀。超市和连锁经营的出现，中小商店的不断转换经营方向和清盘现象就是一个最好的说明。

电子商务是以电子为信息载体在网上进行商务活动的一种行为。它使计算机与通信技术结合，是20世纪末在互联网技术发展的基础上所出现的一种新型商务活动形式，它具有以下两个明显的特点：① 以电子作为信息的载体，电子的传播速度是每秒钟30万公里，传递速度快，瞬间即可完成，没有时间和空间的限制；② 商务活动是在网上进行，从区域上已经没有地域的限制，市场的发展和范围及区域是成正比的，规模越大，成本就越低，效益就可能越大。

这两个显著的特点是进行电子商务原理分析的基础，交易的商务活动和市场的发展形式有直接的关系，而市场又与交易的需求信息、媒介及方式有直接的关系。

电子商务活动是以电子作为其传递的载体，这是一种高技术的信息载体形式，而网络又是联系交易各方的便捷交易平台，在网上交易虚拟平台进行商务活动交易，将会给参与交易的各方提供广阔的活动场所。随着业务的发展，小公司甚至个人在网上进行电子商务活动，规模可以做到全球的范围，它可以不需要雄厚的资金支持就可以办到，这就给参与者和个人提供了商务活动的广阔发展的空间，这正是电子商务发展的无穷魅力之所在。

在网上进行电子商务交易，进行交易的各经济主体或自然人在网上有便捷沟通相互需求的信息的手段，有不受时间、空间限制的传播速度达光速的交易的中间媒介——电子,有联系交易各方的互联网使交易在地球村内的范围完成的方式,这种手段、媒介和方式使得在网上进行过电子商务交易的各方更对"信息需求→行为动机→交易实现→欲望满足"有强烈的冲动和追求,更能有效地刺激其交易行为的发生。当然前提是进行交易的主体有使用网上交易这种手段的能力;同时,他们也是在这种不断交易实现的满足过程中,不断加强对电子商务的强烈的交易需求的。

由于电子商务交易过程是在网上电子媒介的作用下完成的,因此,它具有瞬时和不受地域限制的新特点,这就决定了交易过程比任何一种传统交易的机会成本小,而且在同一个时间段内比传统交易完成的有效次数成数倍的几何增长,也导致了交易主体的行为动机的刺激冲动速度在相同时间段内成数倍的几何增长,如果经营者再辅之以个性化服务的跟踪,则更可以不断刺激消费者的网上购物欲望和需求,而只有利用计算机和通信手段的有效结合才可能在消费者信息爆炸的状况下实现。

例如,曾经在美国著名的亚马逊书店购过书的消费者讲过这样一个亲身经历:他是一个读书爱好者,之前在网上购物只是因为工作忙迫于无奈而为之;在一段时间的购书后,他接到亚马逊书店发来的电子邮件,邮件的大致内容是:"先生,从提供服务的过程中我们知道,你对某某新产品一定感兴趣,它的功能和特点是什么什么,等等,我们非常愿意为您提供服务,如果您有空请您游览一下产品的有关信息。"第一次他不在意,反复几次以后,由于所提供的信息确实符合他本人的爱好和需求,于是他不经意地浏览了下,结果发现是他多次寻求的喜爱的产品,他目前所用的笔记本电脑就是在亚马逊网站购买的。这种个性化服务的跟踪只能在大型计算机客户服务系统的数据库技术中才能完成和实现。电子商务的优点在哪里?这个实例就是一个最好的说明。

从需求、动机、实现、满足的行为原理的角度分析,电子商务的交易也比传统的任何一种交易形式更优,因此电子商务必然是21世纪商务交易的主要形式;任何一个经营主体和任何个人,如果在信息化社会中不懂或不进行电子商务,必将成为不适应社会的人,这就是电子商务带给社会的新挑战。

第三章 电子商务的商业模式

3.1 商业模式的基本要素

商业模式（Business Model）是为从市场上获得利润而预先规划好的一系列活动（有时也叫业务流程）。尽管商业模式和企业战略有些类似，但它们并不总是相同的，因为商业模式通常会考虑竞争环境。商业模式是商业计划的核心。商业计划（Business Plan）是一份描述企业商业模式的文档。商业计划通常也要考虑竞争环境。电子商务商业模式旨在充分利用和发挥互联网和万维网的特性。如果你希望在任何领域，而不仅限于电子商务，都能制定出成功的商业模式，就必须确保商业模式符合八大要素，分别是：价值主张、盈利模式、市场机会、竞争环境、竞争优势、营销战略、组织发展和管理队伍。许多学者关注的都是企业的价值定位和盈利模式。虽然这两大要素是商业模式中最重要也最容易识别的部分，但是其他要素在评估企业商业模式和商业计划，或试图解释特定企业成败的缘由时也同样重要。商业模式的基本组成要素如表 3.1 所示。

表 3.1 商业模式的基本组成要素

组成要素	核心问题
价值主张	为什么消费者要在你这里买东西？
盈利模式	你如何赚钱？
市场机会	你希望服务于什么市场？市场容量有多大？

续表

组成要素	核心问题
竞争环境	哪些企业的目标市场与你相同?
竞争优势	进入目标市场,你有什么特殊的优势?
营销战略	你计划如何促销产品和服务来吸引目标客户?
组织发展	企业必须采用哪种组织架构以实现商业计划?
管理队伍	什么样的经历和背景对企业领导人来说是至关重要的?

3.1.1 价值主张

企业的价值主张是企业商业模式的核心。价值主张明确了一家企业的产品或者服务如何满足客户的需求。为制定或分析价值主张,需要回答以下关键问题:为什么客户要选择与贵公司而不是其他企业做生意?贵公司能提供哪些其他企业不具备的东西?从消费者角度出发,成功的电子商务价值主张包括:个性化定制产品和服务,降低产品搜索成本,降低价格发现成本,以及通过交付管理使交易更便捷。

例如,亚马逊网站出现之前,大多数消费者要亲自跑到图书零售商那里去买书。有时,想要的书可能没货,消费者就不得不等上数天或者数周,然后再跑去书店拿书。亚马逊使得阅读爱好者在家或办公室,一天24小时都能舒适地购买所有已出版的图书,还能立刻知道要买的书是否有库存。Kindle还能让用户直接获得电子书,无须等待配送过程。亚马逊的核心价值主张在于空前的选择余地和便利性。

3.1.2 盈利模式

盈利模式描述企业如何获得收入、产生利润以及获得高额的投资回报。商业组织的功能就是产生利润和高于其他投资项目的回报。光有利润不足以使企业获得"成功",企业必须产生高于其他投资项目的回报。企业若做不到这一点,就会被淘汰出局。

例如,零售商向消费者销售个人电脑。消费者用现金或信用卡支付,从而产生销售收入。一般来说,商家出售电脑的收入要高于所支付的成本和经营费用,从而产生利润。但是为了开展业务，电脑销售商不得不投入资本，可能是借款，也可能是个人储蓄。电脑销售商从电脑业务中获得的利润就构成所投入资本的回报，并且这种回报要比商家同样把这些钱投资于其他地方（如投资房地产或存银行）所得到的回报高。

3.1.3 市场机会

市场机会是指企业所预期的市场（即有实际或潜在商务价值的区域）以及企业在该市场中有可能获得潜在财务收入的机会。市场机会通常被划分成一个个较小的市场来描述。实际的市场机会是用你希望从参与竞争的小市场中所能获得的潜在收入来定义的。

寻找新的市场机会离不开系统的内外部环境分析，包括区域宏观环境分析、消费者状况分析、竞争状况分析、行业分析、企业自身分析，企业应该在以上各项分析的基础上来发现、评估新的市场机会。

例如，在碳酸饮料横行的 20 世纪 90 年代初期，汇源公司就开始专注于各种果蔬汁饮料市场的开发。虽然当时国内已经有一些小型企业开始零星生产和销售果汁饮料，但大部分由于起点低、规模小而难有起色；而汇源是国内第一家大规模进入果汁饮料行业的企业，其先进的生产设备和工艺是其他小作坊式的果汁饮料厂所无法比拟的。"汇源"果汁充分满足了人们当时对于营养健康的需求，汇源公司凭借其 100%纯果汁专业化的"大品牌"战略和令人眼花缭乱的"新产品"开发速度，在短短几年时间就跃升为中国饮料工业十强企业，其销售收入、市场占有率、利润率等均在同行业中名列前茅，从而成为果汁饮料市场当之无愧的引领者。其产品线也先后从鲜桃汁、鲜橙汁、猕猴桃汁、苹果汁扩展到野酸枣汁、野山楂汁、果肉型鲜桃汁、葡萄汁、木瓜汁、蓝莓汁、酸梅汤等，并推出了多种形式的包装。应该说这种对果汁饮料行业进行广度市场细分的做法是汇源公司得以在果汁饮料市场竞争初期取得领导地位的关键成功要素。

但当 1999 年统一集团涉足橙汁产品后，一切就发生了变化，在 2001 年统一仅"鲜橙多"一项产品销售收入就近 10 亿，在第四季度，其销量已超过"汇源"。巨大的潜力和统一"鲜橙多"的成功先例吸引了众多国际和国内饮料企业的加入，可口可乐、百事可乐、康师傅、娃哈哈、农夫山泉、健力宝等公司纷纷杀入果汁饮料市场，一时间群雄并起、硝烟弥漫。根据中华全国商业信息中心 2002 年第一季度的最新统计显示，"汇源"的销量同样排在"鲜橙多"之后，除了西北区外，华东、华南、华中等六大区都被统一"鲜橙多"和康师傅的"每日 C"抢得领先地位,可口可乐的"酷儿"也表现优异,显然"汇源"的处境已是大大不利。尽管汇源公司把这种失利归咎于"PET 包装线的缺失"和"广告投入的不足"等,但在随后花费巨资引入数条 PET 生产线并在广告方面投入重金加以市场反击后,其市场份额仍在下滑。显然,问题的症结并非如此简单。

3.1.4 竞争环境

企业的竞争环境是指在同一市场中运作、销售相似产品的其他企业。它还指替代产品的存在和进入市场的新途径,以及客户和供应商的力量。

竞争环境会受到如下因素的影响:有多少活跃的竞争对手,其规模有多大,每个竞争对手的市场份额有多大,这些企业的盈利情况如何,以及它们如何定价。

通常,企业既会遇到直接竞争对手,也会遇到间接竞争对手。直接竞争对手是那些在同一个细分市场销售相似产品或服务的企业。例如,携程和艺龙两家公司都在线销售打折的机票,它们是直接竞争对手,因为它们销售同样的产品——便宜机票。间接竞争对手是那些可能处于不同行业但仍然产生竞争关系的企业,因为它们的产品可相互替代。例如,汽车制造商与航空公司属于不同的行业,但高铁是间接竞争对手,因为它们向消费者提供可替代的交通运输工具。

任何细分市场中若存在大量的竞争对手,就意味着该市场已处于饱和状态,很难获得利润。反之,缺少竞争对手的市场则可能意味着进入未开拓市场的机会,也可能意味着这是一个已经尝试过不可能成功的市场,因为赚不到钱。分析竞争环境有助于判断市场前景。

3.1.5 竞争优势

当企业能比竞争对手生产出更好的产品,或是向市场推出更低价格的产品时,它就获得了竞争优势。企业也在地域范围上开展竞争。有些企业能开拓全球市场,而另一些企业则只能发展国内或地区市场。能在全球范围内以较低的价格提供优质产品的企业是很有优势的。

许多企业能获得竞争优势,是因为它们总能获得其竞争对手所无法获得的各种生产要素,至少在短期内如此。这些要素包括:企业能从供应商、运输商或劳动力方面获得不错的条件;企业可能比其任何竞争对手更有经验,有更多的知识积累，有更忠实的雇员；企业还可能有他人不能仿照的产品专利，或者能通过以前的业务关系网得到投资资金，或者有其他企业不能复制的品牌和公共形象。当市场的某个参与者拥有比其他参与者更多的资源——财务援助、知识、信息或者权力时，不对称就出现了。不对称使某些企业比其他企业更有优势，使得它们能以比竞争对手更快的速度将更好的产品投入市场，有时价格还更低。

例如，当苹果电脑的创始人兼 CEO 史蒂夫·乔布斯宣布 iTunes 提供合法的、可下载的、按每首歌曲 0.99 美元收费的音乐服务，可将音乐下载至安装 iTunes 软件的任何计算机或数字设备上时，公司就获得了比其他公司更大的成功机会，当然竞争对手也没有资源能提供这种服务。

一种独特的竞争优势来自先行者。先发优势是企业率先进入市场提供有用的产品和服务而获得的竞争优势。最先行动者如果建立起自己忠实的客户群，或设计出别人很难模仿的独特界面，就能在一段较长的时期内保持自己的先发优势。亚马逊就是个很好的例子。但是在技术推动的商务创新历史上，大多数先发者缺少保持优势的互补资源，所以反而常常是后来者获得最大的回报。的确，本书中讨论的成功企业大多数是后来者，从先驱企业的失败中学习经验和教训，再进入市场。

有一些竞争优势被认为是"不公平"的。当一家企业在其他企业不能获得的条件因素上建立起优势时，不公平的竞争优势就出现了。例如，品牌名称是不能购买的，在这个意义上品牌就是一种"不公平"的优势。品牌是建立在忠实、信任、可靠和质量上的。品牌一旦建立起来，就很难被复制或模仿，而且能让企业给自己的产品制定较高的价格。

在完美市场中，没有竞争优势和不对称，所有企业都能均等地获得所需要的生产要素（包括信息和知识）。然而，真实市场通常是不完美的，会由于不对称而导致竞争优势的存在，至少在短期内如此。大多数竞争优势是短期的，虽然其中有些，如可口可乐因其品牌所享有的竞争优势，能保持相当长的一段时间，但是不可能永远都这样，可口可乐公司的甜味软饮料正越来越多地受到来自水果、健康和独特口味饮料的挑战。事实上，每年都有很多品牌面临失败的困境。

当企业利用自己的竞争优势在周围市场中获得更多的竞争优势时，我们就说企业通过杠杆作用利用了自己的竞争资产。例如，亚马逊利用公司巨大的消费者数据库和多年的电子商务经验，成功地主导了在线零售市场。苹果公司亦是如此。

3.1.6 营销战略

无论企业本身有多好,制定和执行营销战略对企业来说都是很重要的。如果不能恰当地向潜在消费者进行营销,那么即使是最好的商务理念和构想也会失败。

为将企业的产品和服务推销给潜在消费者而做的每一件事都是营销。营销战略是一个阐述如何进入新市场、吸引新客户的详细计划。

为实现营销战略目标的营销规划在实施中必须注意以下问题:

(1) 识别环境的发展趋势。环境发展趋势既可能给企业带来新的机会,也可能带来新的难题,例如,新的法律、新的政策的实施对企业营销可能产生有利或不利的影响,掌握环境的发展趋势是企业制订战略计划的重要前提。

(2) 识别各种机会。有效地利用潜在的机会,对发展新产品、改进现有产品、发现产品的新问题,吸引竞争对手的顾客、开发新的细分市场都极为有利。

(3) 用开阔的经营观点对待企业生存的条件。树立市场需求观念,把眼光放在广阔的市场上以适应市场变化。

(4) 充分利用现有资源。运用同样数量、同样类型的资源去完成新的战略目标。

(5) 避免和声誉较高的名牌商品展开正面竞争。名牌商品都处于高度的商品保护地位,如果新商品只是一味模仿而无什么改进,就很难取得成功。

(6) 加强企业商品在市场上的地位,增加商品的竞争能力。

(7) 品牌引申。将成功商品的品牌用于新的优质商品,使顾客对新商品有良好的印象。

(8) 明确规定企业发展方向。企业不但要有具体目标,制定达到目标的措施规划,而且应确定具体的时间进度。

3.1.7 组织发展

虽然许多企业是由一个富有想象力的人发起的,但是只靠个人将理念转变为数百万美元收入的企业是很罕见的。在大多数情况下,快速成长的企业——尤其是电子商务企业,需要员工的参与,更需要一套业务计划。简言之,所有的企业,尤其是新企业,都需要设立组织来有效地实现商业计划和战略。许多电子商务企业和尝试推行电子商务战略的传统企业都失败了，原因就在于它们缺乏支持新商务形式的组织结构和文化价值。

对于希望兴旺发达的企业来说，需要一个组织发展计划，这是一个描述企业如何组织所要完成的工作的计划。一般来说，企业的工作可划分到各职能部门，如生产、运输、营销、客户支持及财务。这些职能部门的工作需要明确定义，随后就能为特定的工作岗位和职责招聘人员。一般来说，刚开始的时候主要是招聘能从事多项工作的多面手。而随着企业的成长，招募的人员则会越来越专业化。例如，企业在起步初期可能只需要一名营销经理，但是在经历两三年的稳步发展后，一个营销岗位可能就会被划分为7个工作岗位，需要由7个人来完成。

例如，eBay的创始人皮埃尔·欧米迪亚（Pierre Omidyar）建立在线拍卖网站的目的是帮助女朋友和其他收藏者交易糖果盒。但是短短数月的工夫，拍卖业务量就远远超出其个人所能处理的程度，所以他开始雇用更有相关业务经验的人来帮忙。很快企业就聘请了许多员工，划分出许多部门，有了很多负责监督企业方方面面工作的管理人员。

3.1.8 管理队伍

毫无疑问，商业模式中最重要的元素是负责模式运作的管理队伍。一支强有力的管理队伍能让商业模式迅速获得外界投资人的信任，能立刻获得相关市场的知识，获得实施商业计划的经验。一支强有力的管理队伍或许不能拯救失败的商业模式，但却能改变模式，能够重新定义所必需的业务。

最后，大多数企业都意识到需要有几位高级执行官或经理。但是这些经理人所具备的技能既可能成为竞争优势之源泉，也可能成为竞争劣势之根源。关键在于如何找到既有经验又能把经验运用到新环境中的人。

要为初创企业找到好的经理人，首先要考虑的是：加盟企业的经理人应具备哪些经验才是对企业有帮助的。他们需要有什么样的技术背景？需要具备哪些管理经验？需要在某个特定领域工作过多长时间？需要具备什么样的工作能力，营销、生产、财务还是运营？尤其在企业初创时需要融资的阶段，特别要考虑未来的高级经理人有没有从外界投资人处获取融资的经验和渠道。

3.2 电子商务商业模式的分类

现在有许多电子商务商业模式，而且每天还有更多的模式出现。这些模式的数量仅仅受到人们想象力的限制，当然我们也不可能穷尽所有的商业模式。尽管潜在的模式很多，但人们还是能确定电子商务舞台上已经建立的基本商业模式类型（及其细微的变化），并描述它们的关键特征。但是，在划分商业模式时并没有一种完全正确的方法，认识这点非常重要。

我们对商业模式进行分类的方法是根据电子商务应用的不同领域B2C、B2B、C2C来进行的。值得注意的是，类似的模式可能会出现在多个领域中。例如，在线零售商（常称为电子零售商）与电子分销商的商业模式就很相似。但是，可以根据其所关注的市场主题加以区分。B2C领域的电子零售商关注的是销售给个人消费者，而B2B领域的电子分销商则关注销售给其他企业。

采用的电子商务技术类型也能影响商业模式的分类。例如，移动电子商务是指通过无线网络进行的电子商务，而电子零售商业模式也能用在移动电子商务中。不过，尽管其基本的商业模式大致上与B2C中一样，但还是要适应移动电子商务环境的挑战。

最后要注意的是，有些企业会同时采用几种商业模式。例如，eBay既可看作B2C中的市场创建者，也可看作C2C商业模式和B2C移动商务商业模式（消费者使用智能手机或无线网络设备来竞标拍卖）。我们期望许多企业能够在其基本商业模式之上，变化出与B2C、B2B以及移动电子商务密切相关的各种商业模式，以将原有商业模式的资本和资产投入新的商业模式中。

3.2.1 B2B 商业模式

B2B（Business to Business），即企业与企业之间的电子商务。B2B方式是电子商务应用最多和最受企业重视的形式，企业可以使用互联网或其他网络对每笔交易寻找最佳合作伙伴，完成从订购到结算的全部交易行为。其代表是马云的阿里巴巴电子商务模式，从目前来看B2B交易金额占整体电子商务市场份额的85%左右。

B2B电子商务是指以企业为主体，在企业之间进行的电子商务活动。B2B电子商务是电子商务的主流，也是企业面临激烈的市场竞争、改善竞争条件、建立竞争优势的主要方法。开展电子商务，将使企业拥有一个商机无限的发展空间，这也是企业谋生存、求发展的必由之路，它可以使企业在竞争中处于更加有利的地位。B2B 电子商务将会为企业带来更低的价格、更高的生产率和更低的劳动成本以及更多的商业机会。

B2B 主要是针对企业内部以及企业（B）与上下游协力厂商（B）之间的资讯整合，并在互联网上进行的企业与企业间交易。借由企业内部网（Intranet）建构资讯流通的基础，及外部网络（Extranet）结合产业的上中下游厂商，达到供应链（SCM）的整合。因此透过 B2B 的商业模式，不仅可以简化企业内部资讯流通的成本，更可使企业与企业之间的交易流程更快速，更能减少成本的耗损。

阿里巴巴作为中国电子商务界的一个神话，从 1998 年创业之初就开始了它的传奇发展。阿里巴巴（Alibaba.com）是全球企业间（B2B）电子商务的著名品牌，是全球国际贸易领域内领先、最活跃的网上交易市场和商人社区。阿里巴巴作为全球最大的 B2B 网站，是一个成功的网上交易平台。它提供来自全球的商业机会信息以及商人交流社区，其所有的供求信息由买卖双方自动登录获取，会员之间以自由开放的形式在这个平台上寻找贸易伙伴、磋谈生意。可以说在互联网上建立了一个无地理和时间障碍的自由贸易市场，用户从中可获得前所未有的商机。

3.2.2　B2C 商业模式

B2C 是英文 Business–to–Customer（商家对顾客）的缩写，也就是通常所说的商业零售，直接面向消费者销售产品和服务。这种形式的电子商务一般以网络零售业为主，主要借助于互联网开展在线销售活动。B2C 即企业通过互联网为消费者提供一个新型的购物环境——网上商店，消费者通过网络在网上购物、在网上支付。由于这种模式节省了客户和企业的时间和空间，大大提高了交易效率，特别是对工作忙碌的上班族来说，这种模式可以为其节省宝贵的时间。

B2C 电子商务以完备的双向信息沟通、灵活的交易手段、快捷的物流配送、低成本高效益的运作方式等在各行各业展现了其强大的生命力。B2C 模式是我国最早产生的电子商务模式，以 8848 网上商城正式运营为标志。目前，国内市场上的主流 B2C 电商品牌当属天猫、京东和凡客了。过去的几年当中，天猫经历了淘宝分拆、十月围城、更名天猫；京东经历了 C 轮融资 15 亿美元，组建大物流体系，大战各电商巨头；凡客经历了凡客体广告狂欢，产品种类扩张，公司巨额亏损。每次有这三家公司传出上市的消息时都引起了行业的激烈讨论，因为这三家巨头代表着三种 B2C 电商模式，这三种 B2C 电商模式各有优势。

B2C 电子商务商业模式的分类如下。

1. 综合型 B2C

发挥自身的品牌影响力，积极寻找新的利润点，培养核心业务。如卓越亚马逊，可在现有品牌信用的基础上，借助母公司亚马逊国际化的背景，探索国际品牌代购业务或者采购国际品牌产品销售等新业务。网站建设要在商品陈列展示、信息系统智能化等方面进一步细化。对于新老客户的关系管理，需要精细客户体验的内容，提供更加人性化、直观的服务。选择较好的物流合作伙伴，增强物流实际控制权，提高物流配送服务质量。

2. 垂直型 B2C

核心领域内继续挖掘新亮点。积极与知名品牌生产商沟通与合作，化解与线下渠道商的利益冲突，扩大产品线与产品系列，完善售前、售后服务，提供多样化的支付手段。鉴于个别垂直型 B2C 运营商开始涉足不同行业，笔者认为需要规避多元化的风险，避免资金分散。与其投入其他行业，不如将资金放在物流配送建设上。可以尝试探索"物流联盟"或"协作物流"模式，若资金允许也可逐步实现自营物流，保证物流配送质量，增强用户的黏性，将网站的"三流"完善后再寻找其他行业的商业机会。

3. 传统生产企业网络直销型 B2C

首先要从战略管理层面明确这种模式未来的定位、发展与目标。协调企业原有的线下渠道与网络平台的利益，实行差异化的销售，如网上销售所有产品系列，而传统渠道销售的产品则体现地区特色；实行差异化的价格，线下与线上的商品定价根据时间段的不同设置高低价格。线上产品也可通过线下渠道完善售后服务。在产品设计方面，要着重考虑消费者的需求感觉。大力吸收和挖掘网络营销精英，培养电子商务运作团队，建立和完善电子商务平台。

4. 第三方交易平台型 B2C 网站

B2C 受到的制约因素较多，但中小企业在人力、物力、财力有限的情况下，这种方式不失为一种拓宽网上销售渠道的好方法。关键是中小企业首先要选择具有较高知名度、点击率和流量的第三方平台；其次要聘请懂得网络营销、熟悉网络应用、了解实体店运作的网店管理人员；最后是要以长远发展的眼光看待网络渠道，增加产品的类别，充分利用实体店的资源、既有的仓储系统、供应链体系以及物流配送体系发展网店。

5. 传统零售商网络销售型 B2C

传统零售商自建网站销售，将丰富的零售经验与电子商务有机地结合起来，有效地整合传统零售业务的供应链及物流体系，通过业务外包解决经营电子商务网站所需的技术问题，典型代表就是国美。

6. 纯网商

纯网商指只通过网上销售产品的商家。纯网商的销售模式主要有自产自销和购销两种。纯网商是没有线下实体店的。

3.2.3　C2C 商业模式

C2C 实际是电子商务的专业用语，是个人与个人之间的电子商务。C2C 即消费者之间，因为消费者的英文单词是 Consumer，所以简写为 C，而 C2C 即 Consumer to Consumer，简单地说，就是消费者提供产品或服务给其他消费者。这就类似于一个网上商场，由许多提供不同商品或者服务的经营者集中在一个网站内，消费者可以在同一个网站购买不同卖家所提供的商品或者服务。在这种情况下，网站经营商扮演的角色就像是商场业主，搭建了一个供需双方见面交易的平台，提供各种服务，为买卖双方创造良好购物环境，最终促成交易。淘宝网（www.taobao.com）就是此类网站。另外一种不太常见的 C2C 网站，是由个人搭建网站提供相关服务给其他消费者，如保险业务员、房地产、汽车销售人员、传销人员等借助互联网方便、快捷、无所不在的特点，建立个人网站提供在线咨询、销售等服务。不过这种网站由于点击率较少，人气不足，尚未成为 C2C 发展的主流。

早期的 C2C 业务是易趣网一枝独秀，模仿 ebay，曾做到了 90%的市场份额，然后高价卖给了 ebay。ebay 的收钱模式是每个环节都收钱，因为没有竞争，它在其他美国、澳洲等地区都做得非常的成功。Ebay 把易趣收购之后，全面改版易趣，想把自己的模式复制到易趣上，这并不是什么明智的选择。后来免费的淘宝网横空出世成为 C2C 的老大，作为国内 C2C 电子商务模式的领军者，淘宝网在运营方式信息交互、诚信安全、支付方式、物流等各方面均采用适合中国网民的创造性的方式，这些创新点成为淘宝立足国内 C2C 网购市场的基础。

网购消费者最基本的需求就是希望安全、准时、无误地得到订购的商品，并在交易的各环节中得到良好的客户服务。在 C2C 电子商务交易过程中顾客既要与网站交互还要与卖家交互。卖家是个人代理商，其中很多甚至只是因好奇而开店，销售行为具有偶发性和短期性。而且 C2C 下非标准化的商品居多，如处理品、二手产品、稀缺商品或非正常渠道产品（进口退税、水货等）。顾客有可能通过 C2C 渠道淘到在其他途径买不到的商品或价格低廉的商品，但这也增加了 C2C 顾客对产品质量的顾虑。

第四章 网络营销应用

4.1 网络营销概述

20 世纪 90 年代初，互联网的飞速发展在全球范围内掀起了互联网的应用热潮，网络成为新的商业环境。网上购物的迅猛发展，正在打破旧的商业习惯，创造新的各种机会，世界各大企业纷纷利用互联网提供信息服务和拓展公司的业务范围，并且按照互联网的特点积极改组企业内部结构和探索新的营销管理方法。

网络营销是以现代电子技术和通信技术的应用与发展为基础，与市场的变革、竞争以及营销观念的转变密切相关的一门新学科。它是企业整体营销战略的一个组成部分，是为实现企业总体经营目标所进行的、以互联网为基本手段营造网上经营环境的各种活动。

网上经营环境是指企业内部和外部与开展网上经营活动相关的环境，包括网站本身、客户、网络服务商、合作伙伴、供应商、销售商、相关行业等。网络营销的开展就是与这些环境建立关系的过程。网上经营环境的营造主要通过建立一个以营销为主要目的的网站，并以此为基础，通过一些具体策略对网站进行推广，从而建立并扩大与其他网站之间以及与客户之间的关系，其主要目的是为企业提升品牌形象、增进客户关系、改善客户服务、开拓网上销售渠道并最终扩大销售。

与许多新兴学科一样，"网络营销"目前同样也没有一个公认的、完善的定义。不过，以下几点理解已渐成共识。

(1) 网络营销是手段而不是目的。网络营销具有明确的目的和手段，但网络营销本身不是目的，网络营销是营造网上经营环境的过程，也就是综合利用各种网络营销方法、工具、条件并协调其间的相互关系，从而更加有效地实现企业营销目的手段。

（2）网络营销是企业整体营销战略的一个组成部分，在互联网时代网络营销将成为企业营销战略中必不可少的内容，只不过所扮演的角色不同而已。但不论其占主导或从属地位，网络营销活动都不可能脱离一般营销环境而独立存在。网络营销只不过是传统营销的一种扩展，即向互联网上的延伸，所有的网络营销活动都是实实在在的。

网上营销与网下营销是一个相辅相成、互相促进的营销体系。因此，一个完整的网络营销方案，除了在网上做推广之外，还很有必要利用传统营销方法进行网下推广。例如，网站本身的推广手段往往也要采取许多传统的方式：在传统媒体上做广告、召开新闻发布会、印发宣传册等。

（3）网络营销不同于网上销售网络营销是为实现产品销售目的而进行的一项基本活动，但网络营销本身并不等于网上销售。

网络营销并不仅仅是为了促进网上销售，很多情况下，网络营销活动不一定能实现网上直接销售的目的，但是可能提升企业品牌价值、加强与客户之间的沟通、增加客户的忠诚度、拓展对外信息发布的渠道、改善客户服务等。

（4）网络营销不等于电子商务，网络营销和电子商务是一对紧密相关而又具有明显区别的概念。电子商务是指系统地利用电子工具，高效率、低成本地从事以商品交换为中心的各种活动的全过程。可以将电子商务简单地理解为电子交易，电子商务强调的是交易行为和方式。

企业在开展网络营销时利用 EDI、Internet 实现交易前的信息沟通、交易中的网上支付和交易后的售后服务。显然，网络营销是企业电子商务活动中最基本的、最重要的商业活动。无论传统企业还是互联网企业都需要网络营销，网络营销仅是企业整体营销战略的一个组成部分；网络营销本身并不是一个完整的商业交易过程，而只是促进商业交易的一种手段。因此，可以说网络营销是电子商务的基础，开展电子商务离不开网络营销，但网络营销并不等于电子商务。

（5）网络企业、传统企业与网络营销。前些年，人们把一开始就基于互联网的企业通常称为网络企业，将网络企业之外的所有企业都统称为传统企业。但近年来，纯网络公司已由盲目开张转入理性发展，有些网上零售商甚至发展实体商店来拓展销售渠道；而另一方面，传统企业上网的热潮也日益高涨，网络营销已经成为许多企业的重要营销策略，一些小企业对这种成本低廉的网上营销方式甚至比大中型企业表现出更大的热情。

网络企业与传统企业、网络营销与传统营销之间正在逐步相互融合。但对于大多数传统企业来说，网络营销不仅是一种辅助性的营销策略，也是一个全新的领域，建立网站、网站推广、利用网站宣传自己的产品和服务等等，都是网络营销的内容，网站为人们提供了一个了解企业的窗口，在初级阶段，网站的形象与企业形象之间可能并不完全一致，因为在企业网站建立之前，企业的供应商、合作伙伴、客户等对于企业已经有了一定的认识，企业的品牌形象在建立企业网站之前就已经确立了。

与传统企业不同，网站代表着网络企业的基本形象，人们认识一个网络企业通常是从网站开始的，因而网站的形象在一定程度上代表着企业形象，在许多人的心目中，网站就是一个网络企业的核心内容。因此，对于网络企业来说，网站的品牌形象远比传统企业的网站重要。

传统企业的网络营销大都从建立网站开始，现在，国内的大多数大型企业也都建立了自己的网站，不过具有电子商务功能的网站还很少。在已经建成的这些企业网站中，网站的形象与企业形象很不相称，功能和服务也不完善，实用性不强，而且，中国品牌的企业网站明显落后于国际品牌。由此可见，中国企业信息化的总体水平还不高，传统企业的网络营销水平还处于初级阶段。

4.2 网络营销的层次

根据企业对互联网的作用的认识及应用能力划分，企业网络营销可以划分为以下五个层次。

（1）企业上网宣传。这是网络营销最基本的应用方式。它是在把互联网作为一种新的信息传播媒体的认识基础上开展的营销活动。建立企业网站是企业上网宣传的前提。互联网让企业拥有一个属于自己而又面向广大上网受众的媒体，而且这一媒体的形成是高效率、低成本的，这是其超越传统媒体的一个特点。企业网站信息由企业制定，不受传统媒体的时间、版面等限制，也可伴随企业的进步发展不断地实时更新。企业网站可应用虚拟现实等多媒体手段吸引受众并与访问者双向交流，及时有效地传递并获取有关信息。这些都是吸引企业上网宣传，使其由内部或区域宣传转向外部和国际信息交流的重要因素。

媒体宣传的关键在于是否被受众注意并留下印象。与传统媒体相比，互联网上浩如烟海的信息很可能使企业网站成为浪花一朵。因此，企业网站如何让人知晓并吸引上网者浏览就成为上网宣传的难题。当一个新站点诞生后，如果没有人来看，再好的内容也无人知晓，信息传播无法到达受众，网络营销就无从谈起，所以，宣传网址是开展网络营销的前提之一。

宣传网址的方法大致可以划分为以下两类。

① 利用传统媒体：利用广播、报纸、电视宣传都是很好的方法。现在已经有很多传统媒体上的广告就是以网址为广告内容的主体。同时，企业所有的印刷品，包括名片等，都是宣传网址的良好介质。

② 利用互联网本身的方法：诸如导航台、新闻组、电子邮件群组、图标广告、分类广告等，都是宣传网址的好方法。

（2）网上市场调研。调研市场信息，从中发现消费者需求动向，为企业细分市场提供依据，是企业开展市场营销的重要内容。

企业通过访问行业门户、竞争对手网站、新闻网站，可以便捷地了解有关政策、法规、业内动态、消费需求等信息，为开拓市场和制定企业的战略、战术等提供依据。由于网上的信息量大、检索快，所以，互联网已成为第二手资料的主要来源，越来越多的人在调研时首先从网上搜索信息着手。

在互联网上，企业可以通过自己的网站或借助 ISP 或专业网络市场研究公司的网站，利用留言簿、E-mail、网上论坛、调查问卷表等方式了解产品的使用信息、客户的需求，从而为产品开发、改进、销售、市场定位等提供决策依据。

（3）充分利用传统分销渠道。网络营销尽管在迅猛发展，但相对于传统营销渠道而言，其份额仍然是很小的。企业传统的分销渠道仍然是企业的宝贵资源，然而互联网高效及时的双向沟通功能，的确也为加强企业与其分销商的联系提供了很好的平台。

企业通过互联网构筑虚拟专用网络，将分销渠道的内部网融入其中，可以及时了解分销过程的商品流程和最终销售状况。这将为企业及时调整产品结构、补充脱销商品以及分析市场特征，实时调整市场策略等提供帮助，从而为企业降低库存、采用实时生产方式创造了条件。网络分销也开辟了及时获取畅销商品信息、处理滞销商品的巨大空间，从而加快销售周转。

从某种意义上看，通过网络加强制造企业与分销渠道的紧密联系，已经使分销成为企业活动的自然延伸，是加强双方市场竞争力的重要力量。利用互联网构筑零售商与供货商的新型实时联系框架，是企业提高市场竞争力的最佳路径。

（4）网上直接销售。数量众多的虚拟商场已经在互联网络上开张营业，这就是从事网上直接销售的网站。互联网是企业和个人相互面对的乐园，是直接联系分散在广阔空间中数量众多的消费者的最短渠道。它排除了时间的耽搁和限制，取消了地理的距离与障碍，并提供了更大范围的消费选择机会和灵活的选择方式，因此，网上直接销售为上网者创造了实现消费需求的新机会。网上直接销售不仅是面向上网者个体的消费方式，也包含企业间的网上直接交易，它是一种高效率、低成本的市场交易方式，代表了一种新的经营模式。

（5）网络营销集成。互联网是一种新的市场环境，这一环境不只是对企业的某一环节和过程产生重大影响，还将对企业组织、运作及管理观念产生重大的影响。一些企业已经迅速融入这一环境中，依靠网络与原料供应商、制造商、消费者建立密切联系，并通过网络收集、传递信息，从而根据消费需求，充分利用网络伙伴的生产能力，实现产品设计、制造及销售服务的全过程。

4.3　网络营销的分类

按照交易对象的不同，网络营销可以分为以下四类。

（1）企业对企业的网络营销，即企业和企业之间进行网络营销活动。例如，某商店利用计算机网络向某电器工厂订购电视机，并且通过网络进行付款等。这类网络营销已经存在很多年，其中以企业通过专用网或增值网（VAN）采用 EDI 方式所进行的商务活动尤为典型。这种类型是网络营销的主流，也是企业面临激烈的市场竞争时，改善竞争条件、建立竞争优势的主要方法。

（2）企业对消费者的网络营销，即企业与消费者之间进行的网络营销活动。这类网络营销主要是借助于互联网开展的在线销售活动。近年来，互联网为企业和消费者开辟了新的交易平台，再加上全球网民的增多，使得这类网络营销得到了较快的发展。特别是企业的网站对于广大消费者，并不需要统一标准的单据传输，而且在线销售和支付行为通常只涉及信用卡、电子货币或电子钱包。另外，互联网提供的搜索浏览功能和多媒体界面，又使得消费者更容易寻找和深入了解所需的产品。因此，开展企业对消费者的网络营销具有巨大的潜力，是今后网络营销发展的主要动力。目前，我国由于消费观念与习惯、企业与个人信用水平不高、网络尚未普及等原因，这种在线销售方式还不够普及，还有一个逐步发展的过程。

（3）企业和政府的网络营销，即企业与政府机构之间进行的网络营销活动。例如，政府采购清单可以通过互联网发布，企业可以以电子化方式回应；另外，政府通过电子交换的方式向企业征税等。这种方式可以更好地树立政府的形象，避免暗箱操作和滋生腐败，实施科学管理。

（4）消费者和政府的网络营销，即政府对个人的网络营销活动如社会福利基金的发放以及个人报税等。随着企业对消费者以及企业对政府网络营销的发展，各国政府将会对个人提供更为完善的电子方式服务。

4.4 网络营销的基本功能

网络营销系统是电子商务系统的有机组成部分。一个完整的网络营销系统可以包括以下功能。

（1）市场调研。

通过网络搜集市场情报，收集企业竞争对手的信息，了解企业合作伙伴的相关业务情况，向消费者征求对企业推销商品及服务的认知程度、评价与意见，为新产品开发作准备，为调整企业生产决策或营销策略提供依据。

（2）信息发布与咨询。

进行广告宣传，发布商品与服务信息，及时回答顾客提出的问题，设立留言板与电子邮件信箱让顾客留下建议与提问，并及时回答相关问题。

（3）网上销售或网上采购招标。

销售型站点要建立购物区及相关网络销售数据库，设立购物车方便顾客选购商品，发送商品订单。招标型站点要公布招标办法及要求，设计投标书，制定公正合理的招标评标程序。

（4）网上支付与结算。

网上支付应支持多种支付方式，如银行卡、电子钱包、电子支票、电子转账、邮局汇款等。在银行卡支付中又涉及多种银行卡，需要和多家银行金融机构进行合作，确定认证和结算办法。

（5）订单处理。

通过电子数据交换系统或网络数据库进行订单的自动处理与传输，再通过制造资源规划（Material Requirement Planning，MRP）系统将定单任务分解到各个生产环节及采购部门。

（6）物流配送。

根据订单要求，在最短的时间内按照客户指定的时间及地点将商品发送至客户。

（7）客户关系管理。

建立客户档案，加强与客户的联系，整理客户留下的订购资料，解决用户提出的问题，研究顾客提供的评价、意见及建议，为改善产品及服务质量提供参考。

（8）提供售后服务。

解决产品使用中可能出现的问题，如退货、维修、技术支持和电子产品的升级。

4.5 传统市场营销与网络营销

网络营销与传统营销相比有许多的优势，对于企业或顾客来说也有很多作用。这些作用体现在以下几个方面。

（1）有利于降低成本。

企业采购原材料是一项繁琐、复杂的工作，而运用网络可以使采购产品与制造相结合，简化采购程序。使用 EDI（电子数据交换）进行无纸化办公，通常可以为企业节省 5%～10%的采购成本。"EDI 是通过电子方式，采用标准化的格式，利用计算机网络进行结构化数据的传输和交换的一种信息技术。"另外，传统店铺促销需要投入很多的资金和人力进行市场调查，采用网上促销的成本相当于直接邮寄广告花费的 1%，利用网络发布广告的平均费用仅为传统媒体的 3%，这样从成本和销售方面可以很好地降低企业的成本。

（2）能帮助企业增加销售商机和促进销售。

网络可以提供给企业全天候的广告及服务，还可以把广告与订购连为一体，从而促成购买意愿。此外，通过网络，企业与国际接轨，还可以减少市场壁垒，消除不同国家间的公司因时间、地域的障碍而影响销售。传统的店铺销售有着地域的局限性，人们只能上门购物，这样制约了店铺的发展规模，而进行网络营销有着无时间限制的全天候经营、无国界、无区域界限的经营范围、精简化的营销环节的特点，可以超越时空的限制。这样通过网络的独有特点，可以帮助企业更好地促进销售，从而提高企业的市场占有率。

（3）有极强的互动性，有助于实现全程营销目标。

网络具有主动性与互动性的特点，并且可以无限延伸。传统的店铺销售中，企业与消费者之间的沟通较为困难，而在网络环境下，企业可根据公告版、网站论坛、E-mail 的形式，大大加强企业与顾客之间的联系，可以有效地了解顾客的需求信息，从而建立数据库进行管理，利用这些信息，为企业所要进行的营销规划提供依据，这样就提高了消费者与企业间的互动性，能够帮助企业实现销售目标。

（4）可以有效地服务于顾客，满足顾客的需要。

营销的本质是排除或减少障碍，引导商品或服务从生产者转移到消费者的过程。网络营销是一种以顾客为主，强调个性化的营销方式，它比起传统市场营销中的任何一个阶段或方式更能体现顾客的"中心"地位。另外，网络营销能满足顾客对购物方便性的需求，提高顾客的购物效率，通过网络，顾客可以在购物前了解到相关信息，购物中可在家"游逛"消去时间，购买后也可与厂家取得联系。此外，网络营销能为企业节省传统营销方式不得不花费的巨额促销和流通费用，从而使商品成本和价格的下降成为可能。

（5）具有高效性。

网络具有快捷、方便的特性，网络营销结合网络的这个优势，使商家进行营销活动的效率提高了。把这种高效性充分运用到销售活动的各方面，使许多对企业有用的信息综合运用起来，为企业的发展起到了指导作用。网络的高效性更有利于进行网络营销，使营销的过程更加快捷和及时适应市场的发展要求。

以上就是网络营销的优势，还存在如下缺点：适合网络营销的产品有限；网络营销渠道需要完善；进行网络营销的支付问题；网络营销意识不强，知识不足；网络营销存在安全问题。

网络营销与传统营销的区别在于，在网络环境下，网络营销较之传统营销，从理论到方法都有了很大的变化，这种变化表现在以下几个方面。

（1）营销理念的转变。传统营销中，不管是无差异策略还是差异化策略，其目标市场的选择都是针对某一特定的消费群。但是从理论上来讲，没有任何两个消费者是完全一样的。因此，每一个消费者都是一个目标市场。网络营销的出现，使大规模目标市场向个人目标市场转化成为可能。通过网络，企业可以有大量信息来反映消费者的不同需求，从而使企业的产品更能满足顾客的个性化需求。

（2）沟通方式的转变。互联网在理论上具有无限的信息储存和传输空间，企业可以在互联网上利用各种不同类型的方式，为用户提供丰富翔实的产品信息以及所有与产品有关的其他信息，即使在一句十分简短的广告语中，企业也可以通过链接的方式很容易地将客户带到其所感兴趣的，宣传企业产品和服务的页面上。

（3）营销策略的改变。网络营销的双向互动性使其真正实现了全程营销。传统的营销强调 4P（Product、Price、Place、Promotion）组合，现代营销管理则追求 4C，不管是强调 4P 还是追求 4C，任何一种观念都必须基于这样一个前提：企业必须实现全程营销，即必须在产品的设计阶段就开始充分考虑消费者的需求与意愿。但在实际操作中这一点往往很难做到。原因在于消费者与企业之间缺乏合适的沟通或沟通费用太高。消费者一般只能针对现有的产品提出建议或批评，对尚处概念阶段的产品无法涉足。另外，大多数的中小企业缺乏足够的资源用于了解消费者各种潜在的需求，它们只能从自身能力或市场策划者的角度出发进行产品开发设计。

（4）方便性。网络营销比传统营销更能满足消费者的购物方便的需求。网络营销消除了传统营销中的时空限制，网络上的电子空间距离使各方相隔的"时差"几乎不复存在。由于网络能够提供 24 小时服务，消费者可随时查询所需商品或企业的信息并在网上进行购物。查询和购物程序简便快捷，所需时间极短。这种优势在某些特殊商品的购买过程中体现得尤为突出。例如，网上书店的出现，使得广大消费者不必再为一本书跑遍大小书店，只需上网进行查询，就可以得到该书的详尽信息，进行网上订购即可。

4.6　网上市场调研

市场调研是针对特定营销环境进行调查设计、收集资料和初步分析的活动。市场调研是企业营销前期工作中重要的环节之一，通过调查可以获得竞争对手的资料，摸清目标市场和营销环境，为经营者细分市场、识别受众需求、确定营销目标等提供相对准确的决策依据。互联网所具有的许多特性，为企业开展市场调研提供了一条便利途径。

利用互联网进行市场调研，有直接与间接两种方式。网上直接调查的途径主要有：问卷调查、设置留言板、论坛、新闻讨论组等。网上间接调查一般通过搜索引擎搜索有关站点的网址，然后访问所想查找信息的网站或网页。

网络市场调研具有以下优势。

（1）网上调研的及时性和客观性。

由于网上信息的传输速度快，能够快速地传送到连接上网的网络用户中，这就保证了企业调查信息的准确性与及时性。同时，由于企业网络站点的访问者一般对企业产品有一定的兴趣,对企业市场调研的内容往往是作了认真的思考之后进行回复,而不像传统的调研方式下为了抽号中奖而被动地回答,所以网上市场调研的结果是比较客观和真实的,能够反映消费者的真实要求和市场发展的趋势。

(2) 网上调研的便捷性和经济性。

在网上进行市场调研,无论是调查者还是被调查者,只需拥有一台能上网的计算机就可以进行网络沟通交流。调查者在企业站点上发出电子调查问卷,提供相关的信息或者及时修改、充实相关信息,然后利用计算机对访问者反馈回来的信息进行整理和分析,这不仅十分便捷,而且会大大地减少企业市场调研的人力和物力耗费。

(3) 网上调研的互动性。

传统的市场营销强调 4P 组合,现代市场营销则追求 4C。然而,无论哪种营销观念都必须基于这样一个前提:企业必须实行全程营销,必须在产品的设计阶段就开始充分考虑消费者的需求和欲望。遗憾的是在实际操作中这一点往往难以做到。原因在于消费者与企业之间缺乏合适的沟通渠道或沟通成本过高。消费者一般只能针对现有产品提出建议甚至是不满,而对尚处于概念阶段的产品则难以涉足。此外,大多数的中小企业也缺乏足够的资源和手段了解消费者的各种潜在需求,只能从自身能力或市场领导者的策略出发进行产品开发。而在网络环境下,这一状况将从根本上得以改变。即使是中小企业也可以通过电子布告栏、线上讨论广场和电子邮件等方式,以极低的成本在营销的全过程中对消费者进行及时的信息搜集。消费者也有机会对从产品设计到定价和服务等一系列问题发表意见。这种双向互动的信息沟通方式提高了消费者的参与性和积极性,更重要的是能使企业的营销决策有的放矢,从根本上提高消费者满意度。

(4) 网上调研结果的客观性。

由于企业站点的访问者一般对公司产品有一定的兴趣,所以这种基于客户和潜在客户的市场调研结果是客观和真实的,在很大程度上反映了消费者的消费心态和市场发展的趋势。但现在网上调研的普及还有一定的难度,消费者对这种新型市场调研方式尚不适应,现在网络的软、硬件方面的欠缺导致调研流程不畅,专业的网上调研人员欠缺。但随着互联网的普及、应用和人们传统思想观念的转变,网上市场调研将逐渐成为一种趋势。

网络市场调研与传统的市场调研一样,也应遵循一定的方法与步骤,以保证调研过程的质量。网络市场调研一般包括以下几个步骤。

(1) 明确问题与确定调研目标。

明确问题和确定调研目标对使用网上搜索的手段来说尤为重要。互联网是一个永无休止的信息流。当你开始搜索时,你可能无法精确地找到你所需要的重要数据,不过你肯定会沿路发现一些其他有价值、抑或价值不大但很有趣的信息。这似乎验证了互联网上的信息搜索的定律:在互联网上你总能找到你不需要的东西。其结果是,你为之付出了时间和上网费的代价。

因此,在开始网上搜索时,头脑里要有一个清晰的目标并留心去寻找。一些可以设定的目标是:

- 谁有可能想在网上使用你的产品或服务?
- 谁是最有可能要买你提供的产品或服务的客户?
- 在你这个行业,谁已经上网?他们在干什么?
- 你的客户对你竞争者的印象如何?
- 在公司日常的运作中,可能要受哪些法律、法规的约束? 如何规避?

(2) 制订调查计划。

网上市场调研的第二个步骤是制订出最为有效的信息搜索计划。具体来说,要确定资料来源、调查方法、调查手段、抽样方案和联系方法。下面就相关的问题来说明。

资料来源:确定收集的是二手资料还是一手资料(原始资料)。

调查方法:网上市场调查可以使用专题讨论法、问卷调查法和实验法。

① 专题讨论法是借用新闻组、邮件列表讨论组和网上论坛(也可称 BBS,电子公告牌)的形式进行。

② 问卷调查法可以使用 E–mail(主动出击)分送和在网站上刊登(被动)等形式。

③ 实验法则是选择多个可比的主体组,分别赋予不同的实验方案,控制外部变量,并检查所观察到的差异是否具有统计上的显著性。这种方法与传统的市场调查所采用的原理是一致的,只是手段和内容有差别。

调查手段:

① 在线问卷,其特点是制作简单、分发迅速、回收方便。但要注意问卷的设计水平。

② 交互式电脑辅助电话访谈系统,是利用一种软件程序在电脑辅助电话访谈系统上设计问卷结构并在网上传输。互联服务器直接与数据库连接,对收集到的被访者答案直接进行储存。

③ 网络调研软件系统,是专门为网络调研设计的问卷链接及传输软件。它包括整体问卷设计、网络服务器、数据库和数据传输程序。

抽样方案：要确定抽样单位、样本规模和抽样程序。

联系方法：采取网上交流的形式，如 E-mail 传输问卷、参加网上论坛等。

（3）收集信息。

网络通信技术的突飞猛进使得资料收集方法迅速发展。Internet 没有时空和地域的限制，因此网上市场调研可以在全国甚至全球进行。同时，收集信息的方法也很简单，直接在网上递交或下载即可。这与传统市场调研的收集资料方式有很大的区别。

例如，某公司要了解各国对某一国际品牌的看法，只需在一些著名的全球性广告站点发布广告，把链接指向公司的调查表就行了，而无须像传统的市场调研那样，在各国找不同的代理分别实施。诸如此类的调查如果利用传统的方式是无法想象的。

在问卷回答中访问者经常会有意无意地漏掉一些信息，这可通过在页面中嵌入脚本或 CGI 程序进行实时监控。如果访问者遗漏了问卷上的一些内容，其程序会拒绝递交调查表或者验证后重发给访问者要求补填。最终，访问者会收到证实问卷已完成的公告。在线问卷的缺点是无法保证问卷上所填信息的真实性。

（4）分析信息。

收集信息后要做的是分析信息，这一步非常关键。"答案不在信息中，而在调查人员的头脑中。"调查人员如何从数据中提炼出与调查目标相关的信息，直接影响到最终的结果。要使用一些数据分析技术，如交叉列表分析技术、概括技术、综合指标分析和动态分析等。目前国际上较为通用的分析软件有 SPSS、SAS 等。网上信息的一大特征是即时呈现，而且很多竞争者可能从一些知名的商业网站上看到同样的信息，因此分析信息能力相当重要，它能使你在动态的变化中捕捉到商机。

（5）提交报告。

调研报告的撰写是整个调研活动的最后一个阶段。报告不是数据和资料的简单堆砌，调研人员不能把大量的数字和复杂的统计技术扔到管理人员面前，否则就失去了调研的价值。正确的做法是把与市场营销关键决策有关的主要调查结果报告出来，并以调查报告所应具备的正规结构写作。

作为对填表者的一种激励或犒赏，网上调查应尽可能地把调查报告的全部结果反馈给填表者或广大读者。如果限定为填表者，则只需分配给填表者一个进入密码。对一些"举手之劳"式的简单调查，可以实施互动的形式公布统计的结果，效果更佳。

第五章

电子商务安全管理

 ## 5.1 电子商务系统安全管理概述

5.1.1 电子商务系统面临的安全问题

电子商务安全中存在的安全问题主要有以下三种类型。

（1）冒充合法用户的身份。非法用户盗用合法用户的信息，冒充其身份与他人进行交易，损坏了被冒充的合法用户权益，使得交易失去可靠性。

（2）破坏网络传输数据的保密性。非法用户通过不正当手段，利用数据在网络传输的过程，非法拦截数据并使用，导致合法用户的数据丢失。

（3）损害网络传输数据的完整性。非法用户对截获的网络数据进行恶意篡改，如添加、减少、删除及修改。恶意攻击网络硬件和软件，导致商务信息传递的丢失、破坏。例如，非法用户利用截获的网络数据包再次发送，攻击对方的计算机。

5.1.2 电子商务系统的安全要求

电子商务的安全性需求可以分为两个方面：一方面是对计算机及网络系统安全性的要求，另一方面是对电子商务信息安全的要求。

1. 信息的保密性

信息的保密性是指信息在存储、传输和处理过程中，不被他人窃取（无论是无意的还是恶意的)。要保证信息的保密性,需要防止入侵者侵入系统;对商务机密(如信用卡信息等)要先经过加密处理,再送到网络传输。

2. 信息的完整性

信息的完整性包括信息在存储中不被篡改和破坏,以及在传输过程中收到的信息和原发送信息的一致性。前面提到的信息的加密处理只能保证信息不被第三方看到,不能保证信息不被篡改。信息的完整性要求系统能够识别信息是否被篡改或破坏,从而决定是否使用信息。

3. 信息的不可否认性

信息的不可否认性是指信息的发送方不可否认已经发送的信息,接收方也不可否认已经收到的信息。例如,因市场价格的上涨,卖方否认收到订单的日期或完全否认收到订单;再如网上购物者订货后,不能谎称不是自己订的货等。

4. 交易者身份的真实性

交易者身份的真实性是指交易双方是确实存在的,不是假冒的。

5. 系统的可靠性

系统的可靠性是指计算机及网络系统的硬件和软件工作的可靠性,是否会因为计算机故障或意外原因(如停电)造成信息错误、失效或丢失。提高系统可靠性主要是要选择质量好、可靠性高的硬件和软件产品,还要配置良好的备用电源和防雷设施,系统维护人员要经常对系统进行保养和维护,不可带故障运行等。

5.1.3 电子商务系统的安全管理框架

由于电子商务是在开放的网上进行的贸易,大量的商务信息在计算机上存放、传输,从而形成信息传输风险、交易信用风险、管理方面的风险、法律方面的风险等各种风险,为了对付这种风险,从而形成了电子商务安全体系。

(1)商务交易安全:安全应用协议,数字签名、摘要、数字信封,时间戳,基本加密算法。

(2)计算机网络安全:网络设备,网络软件系统,病毒防范,防火墙,识别、代理。

(3)电子商务系统硬件安全:硬件安全是指保护计算机系统硬件安全(包括外部设备)的安全,保证其自身的可靠性和为系统提供基本安全机制。

(4)电子商务系统软件安全:软件安全是指保护软件和数据不被篡改、破坏和非法复制。系统软件安全的目标是保证计算机系统逻辑上的安全,主要是使系统中信息的存取、处理和传输满足系统安全策略的要求。

（5）电子商务系统运行安全：运行安全是指保护系统能连续和正常运行。

（6）电子商务安全立法：电子商务安全立法是对电子商务犯罪的约束，它是利用国家机器，通过安全立法，体现与犯罪斗争的国家意志，表现为以下几个方面。

第一，网络安全。对于电子商务来说，网络安全是其中的基础环节，因此，为了使电子商务能够顺利地进行下去，首先要求电子商务平台安全、可靠，所提供的服务不能有中断。

第二，物理安全。电子商务在运行时，首先要根据国家的相关标准、实际资金状况以及信息安全等，制定出科学的物理安全的相关要求，然后通过相关建设，使其达到标准。同时，对于通信电路、系统资源以及物理介质等要采取一定的保护措施，使其处于物理安全的位置。

第三，商务安全。这里指的是在网络媒介中，商务交易所出现的一些安全问题，包括进一步防止商务信息的泄露、伪造以及篡改等，或者防止商务的交易行为出现变动，被加以抵赖，也就是说，要使电子商务的完整性、保密性以及真实性得到实现。

第四，系统安全。对系统安全漏洞方面的问题早日解决，通过安全加固，进一步采用安全技术装备进行保护，使系统的安全防护能力得到加强。

5.1.4　电子商务系统的安全管理思路

电子商务的安全管理，就是通过一个完整的综合保障体系，来规避信息传输风险、信用风险、管理风险和法律风险，以保证网上交易的顺利进行。网上交易安全性问题是电子虚拟市场中的首要问题。首先，它是保证市场游戏规则顺利实施的前提，因为市场竞争规则强调的是公平、公正和公开，如果无法保证市场交易的安全，可能导致非法交易或者损害合法交易的利益，使市场游戏规则无法贯彻执行。其次，它是保证电子虚拟市场交易顺利发展的前提，因为虽然网上交易可以降低交易费用，但如果网上交易安全性无法得到保证，造成合法交易双方利益的损失，可能导致交易双方为规避风险选择传统的更安全交易方式，势必制约电子虚拟市场的发展。因此，无论从市场本身发展还是保护合法市场交易利益来看，确保网上交易安全是电子虚拟市场要解决的首要问题和基本问题，这需要各方配合加强对网上交易安全性的监管。

网上交易安全管理应当跳出单纯从技术角度寻求解决办法的思路，采用综合防范的思路，从技术、管理、法律等方面综合思考。建立一个完整的网络交易安全体系，至少要从以下三个方面考虑，并且三者缺一不可。

（1）技术方面的考虑，如防火墙技术、网络防毒、信息加密存储通信、身份认证、授权等。但只有技术措施并不能完全保证网上交易的安全。

（2）必须加强监管，建立各种有关的合理制度，并加强严格监督，如建立交易的安全制度、交易安全的实时监控、提供实时改变安全策略的能力、对现有的安全系统漏洞的检查以及安全教育等。在这方面，主要充分发挥政府有关部门、企业的主要领导、信息服务商的作用。

（3）社会的法律政策与法律保障，通过健全法律制度和完善法律体系，来保证合法网上交易的权益，同时对破坏合法网上交易权益的行为进行立法严惩，如尽快出台电子证据法、电子商务法、网上消费者权益法等。这方面，主要发挥立法部门和执法部门的作用。

5.2 电子商务的安全需求

5.2.1 电子商务信息安全的要求

信息（Information），广义上讲是物质和能量在时间、空间上定性或定量的模型或其符号的集合。而在经济生活中，信息通常指的是与企业的生产、经营、销售相关的商业消息、情报、数据、密码、知识等。而通过计算机网络传递的经济信息（包括文字、数据、图表、影音等能够被人或计算机识别的符号内容），则称为网络商务信息，是电子商务活动中信息的主要组成部分。信息在网络空间内的流动（传递）称为网络信息通信，在网络上停留时则称为存储。

1. 信息是一种特殊的商品

信息与其他商品一样，具有价值和使用价值。因为信息的收集、加工和传递等工作都要付出劳动，都要消耗一定的人、财、物，因而信息是具有劳动价值的。有效信息能够传递给接收者并被接收、理解和应用，能够产生相应的社会或经济效益，因而信息又具有使用价值。所以说，信息本质上也是商品，是一种特殊的商品。

2. 信息商品的特殊性

信息商品的特殊性主要体现在以下两个方面。

（1）价值性。

企业要生产并创造利润，除了人、财、物等要素的投入外，还必须具备相应的信息要素，当人类社会商品极大丰富，由卖方市场转变为买方市场之后，市场竞争变得日益激烈，信息要素的价值显得更为突出，但信息的价值却是难以量化的。

（2）时效性。

信息的价值会随着信息被理解和被投入使用的时间的延迟而下降，甚至丧失其价值。信息只有被及时地识别和使用才能体现出其本身的价值。以往由于信息传递速度慢、传递渠道不畅等原因，经常出现"信息获得了也失效了"的现象。

3. 信息安全的要求

（1）可用性。

如果一个数据文件的名字被从受害人拥有的计算机内的文件子目录中移走，用户就不能再调用这个文件，显然，其他信息安全性要素无法说明这类丢失，因而可用性的维护必须作为信息安全性的一个目标。可用性丧失的严重性是不同的，有的无法恢复，有的可部分延后恢复，有的也许可全部恢复。

有很多控制可用来维护或恢复计算机内数据文件的可用性，如做备份子目录、对计算机和指定数据文件有力的存取控制等。

（2）实用性。

当有价值信息的唯一拷贝在一台计算机中被例行地加密，而加密密钥被意外清除或改变时，信息的实用性才可能被恢复。尽管这种情况也可视为丢失或改变密钥，但该丢失行为影响到信息及其实用性的丢失，密钥的丢失可能是一种不同信息财富的丢失。实用性丢失的严重性是不同的，最严重时甚至不能恢复，不太严重时可能部分或全部恢复。

为维护信息的实用性，可以有以下控制：在处理之前和之后进行数据验证的内部应用控制；对应用开发期间的安全性浏览在使用时间和地点方面限制信息的无答复格式；将关于信息使用安全性的负面作用极小化；存取控制等。

（3）完整性。

软件产品因为某种原因在交货时，没有包括一个重要的可控制付款程序，使该程序在完成双重计账控制时失效，这一疏漏可能会被会计利用来盗用可付账公款。因为程序是不完善的，该产品缺少完整性、整体性、可靠性以及遵守一种处理规则的状态。完整性丢失的严重性可以是不同的。

预防信息完整性丢失的控制有：使用和检查序列号及校验；对特定范围内的信息类型做合理性校验；对记录子程序、段落或标题执行人工或自动文本检查；对计算机程序中的不可执行代码和不匹配条件转移的检验；促进人们道德规则的遵守。

（4）真实性。

确保信息真实性的控制有：口令、数字签名以及在工作站和 LAN 服务器上用来鉴别用户的标号的使用；对超界值的检验。

（5）保密性。

顾客个人标识号（PIN）及账户结余秘密被破坏，它们的保密受侵犯。

保密性丧失的严重性可能不同，最坏的情况是信息泄露给最有危害的人，从而带来永久的影响。

维护保密性的措施包括：使用密钥，控制计算机和网络的访问。

（6）占有性。

某公司磁带和磁盘上主文件如被全部拷贝，导致唯一占有性（即独占性）的丢失。占有性丧失的严重性随犯罪种类而变化。

保护信息占有性措施：使用商业秘密法；提供物理和逻辑的存取限制方法；维护和检查有关偷盗迹象的审计记录；使用文件标签等。

信息安全性框架可用图 5.1 来概括。

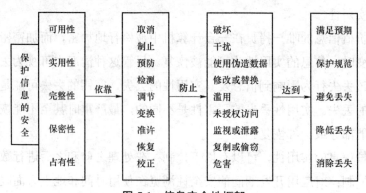

图 5.1 信息安全性框架

5.2.2 电子交易的安全需求

电子商务安全问题的核心和关键是电子交易的安全性，因此，下面首先讨论在互联网上进行商务交易过程中的安全问题。互联网本身的开放性以及目前网络技术发展的局限性，使网上交易面临着种种安全性威胁，也由此提出了相应的安全控制要求。

1. 身份的可认证性

身份的可认证性是指交易双方在进行交易前应能鉴别和确认对方的身份。在传统的交易中，交易双方往往是面对面进行活动的，这样很容易确认对方的身份。即使开始不熟悉、不能确信对方，也可以通过对方的签名、印章、证书等一系列有形的身份凭证来鉴别其身份。另外，在传统的交易中如果是采用电话进行通信，也可以通过声音信号来识别对方身份。然而，参与网上交易的双方往往素不相识甚至远隔万里，并且在整个交易过程中都可能不见一面。因此，如果不采取任何新的保护措施，就要比传统的商务更容易引起假冒、诈骗等违法活动。例如，在进行网上购物时，对于客户来说，如何确信计算机屏幕上显示的页面就是大家所说的那个有名的网上商店，而不是居心不良的黑客冒充的呢？同样，对于商家来说，怎样才能相信正在选购商品的客户不是一个骗子，而是一个当发生意外事件时能够承担责任的客户呢？

因此，电子交易的首要安全需求就是要保证身份的可认证性。这就意味着，在双方进行交易前，首先要能确认对方的身份，要求交易双方的身份不能被假冒或伪装。

2. 信息的保密性

信息的保密性是指对交换的信息进行加密保护，使其在传输过程或存储过程中不被他人所识别。在传统的贸易中，一般都是通过面对面的信息交换，或者通过邮寄封装的信件或可靠的通信渠道发送商业报文，达到保守商业机密的目的。而电子商务是建立在一个开放的网络环境下，当交易双方通过互联网交换信息时，因为互联网是一个开放的公用互联网络，如果不采取适当的保密措施，那么其他人就有可能知道他们的通信内容。另外，存储在网络的文件信息如果不加密的话，也有可能被黑客窃取。上述种种情况都有可能造成敏感商业信息的泄露，导致商业上的巨大损失。例如，如果客户的信用卡的账号和用户名被人知悉，就可能被盗用；如果企业的订货和付款的信息被竞争对手获悉，就可能丧失商机。

因此，电子商务的另一个重要的安全需求就是信息的保密性。这意味着，一定要对敏感重要的商业信息进行加密，这样，即使别人截获或窃取了数据，也无法识别信息的真实内容，这样就可以使商业机密信息难以被泄露。

3. 信息的完整性

信息的完整性指确保信息在传输过程中的一致性，并且不被未经授权者所篡改，也称不可修改性。上面所讨论的信息保密性，是针对网络面临的被动攻击而提出的安全需求，但它不能避免针对网络所采用的主动攻击。所谓被动攻击，就是不修改任何交易信息，但通过截获、窃取、观察、监听、分析数据流和数据流式获得有价值的情报。而主动攻击就是篡改交易信息，破坏信息的完整性和有效性，以达到非法的目的。例如，在电子贸易中，乙给甲发了如下一份报文："请给丁汇 100 元钱。"报文在报发过程中经过了丙之手，丙就把"丁"改为"丙"，这样甲收到后就成了"请给丙汇 100 元钱"，结果是丙而不是丁得到了 100 元钱。当乙得知丁未收到钱时就去问甲，甲出示有乙签名的报文，乙发现报文被篡改了。

因此，保证信息的完整性也是电子商务活动中的一个重要的安全需求。这意味着，交易各方能够验证收到的信息是否完整，即信息是否被人篡改过，或者在数据传输过程中是否出现信息丢失、信息重复等差错。

4. 不可抵赖性

交易的不可抵赖性是指交易双方在网上交易过程的每个环节都不可否认其所发送和收到的交易信息，又称不可否认性。由于商情千变万化，交易合同一旦达成就不能抵赖。在传统的贸易中，贸易双方通过在交易合同、契约或贸易单据等书面文件上手写签名或印章，确定合同、契约、单据的可靠性并预防抵赖行为的发生，这也就是人们常说的"白纸黑字"。但在无纸化的电子交易中，就不可能再通过传统的手写签名和印章来预防抵赖行为的发生。因此，必须采用新的技术，防止电子商务中的抵赖行为，否则就会引起商业纠纷，使电子商务无法顺利进行。例如，在电子商务活动中订购计算机时，如果订货时计算机价格较低，但收到订单后，计算机价格上涨了，假如供应商否认收到订单的事实，则采购商就会蒙受损失；同样，如果收到订单后，计算机价格下跌了，假如订货方否认先前发出订货单的事实，则供应商就会蒙受损失。

因此，保证交易过程中的不可抵赖性也是电子商务安全需求中的一个重要方面。这意味着，在电子交易通信过程的各个环节中都必须是不可否认的，即交易一旦达成，发送方不能否认他发送的信息，接收方则不能否认他所收到的信息。

5. 不可伪造性

在商务活动中，交易的文件是不可被修改的，如上例所举的订购计算机一案，如果供应商在收到订单后,发现计算机价格大幅上涨了,假如能改动文件内容,将订购数 100 台改为 10 台,则可大幅受益,那么采购商就会因此而蒙受巨大损失。在传统的贸易中,可以通过合同字迹的技术鉴定等措施来防止交易过程中出现的伪造行为,但在电子交易中,由于没有书面的合同,因而无法采用字迹的技术鉴定等传统手段来裁决是否发生了伪造行为。

因此,保证交易过程中的不可伪造性也是电子商务安全需求中的一个方面。这意味着,电子交易文件也要能做到不可修改,以保障交易的严肃和公正。

5.2.3 计算机网络系统的安全

在公用互联网上进行电子商务活动时,除了在交易过程中会面临上述一些特殊的安全性问题外,毫无疑问,还会涉及一般计算机网络系统普遍面临的一些安全问题。威胁计算机网络安全的因素很多,有些因素可能是人为的,有些因素可能是非人为的。归结起来,针对网络安全的主要问题有如下几种。

1. 物理实体的安全

物理实体的安全主要包括以下几种。

(1)设备的功能失常。任何一种设备都不是十全十美、万无一失的,或多或少都存在着这样或那样的缺陷。有时出现一些比较简单的故障,而有些则是灾难性的。有些简单故障,特别是周期性故障,往往比那些大的故障更难以查找与修复。有些故障是当它们已经破坏了系统数据或其他设备时才被发现,而这时往往为时已晚,后果也是非常严重的。

(2)电源故障。由于各种意外的原因,网络设备的供电电源可能会突然中断或者产生较大的波动,这可能会突然中断计算机系统的工作。如果这时正在进行某些数据操作,这些数据很可能会出错或丢失。另外,突然断电对系统硬件设备也会产生不良后果。

(3)由于电磁泄漏引起的信息失密。计算机和其他一些网络设备都是电子设备,当其工作时会产生电磁泄漏。一台计算机就像一部电台,带有信息的电磁波向外辐射,尤其视频显示装置辐射的信息量最强,用先进的电子设备在一公里之外的地方就能接收下来。另外,电子通信线路同样有辐射。这样,非法之徒就可以利用先进的接收设备窃取网络机密信息。

(4)搭线窃听。这是非法者常用的一种手段,将导线搭到无人值守的网络传输线路上进行监听,通过解调和正确的协议分析可以安全掌握通信的全部内容。

2. 自然灾害的威胁

计算机网络设备是一种易碎品，不能受重压或强烈的震动，更不能受强力冲击。所以，各种自然灾害，如风暴、泥石流等对计算机网络系统构成了严重的威胁。另外，计算机设备对环境的要求也很高，如温度、湿度、各种污染物的浓度等，所以要特别注意像火灾、水灾、空气污染等对计算机网络系统所构成的威胁。

3. 黑客的恶意攻击

2003年年初，全世界都在关注美国著名网站被袭事件。在这次事件中，包括雅虎、亚马逊书店、eBay、ZDNet、有线电视新闻网CNN在内的美国主要网站接连遭到黑客的攻击。这些网站被迫中断服务数小时，据估算，造成的损失达到12亿美元以上。这次袭击事件不仅使著名商业网站蒙受羞辱，更使公众对网络安全的信心受到打击。

所谓黑客，现在一般泛指计算机信息系统的非法入侵者。黑客的出现可以说是当今信息社会中网络用户有目共睹、不容忽视的一个独特现象。黑客们在世界各地四处出击，寻找机会袭击网络，几乎到了无孔不入的地步。黑客攻击目前成为计算机网络所面临的最大威胁。如今，无论是个人、企业、还是政府机构，只要进入计算机网络，都会感受到黑客带来的网络安全威胁。大至国家机密，小到个人隐私，还有商业秘密，都随时可能被黑客发现并公布。

黑客的攻击手段和方法多种多样，一般可以粗略地分为两种：一种是主动攻击，它以各种方式有选择地破坏信息的有效性和完整性；另一种是被动攻击，它是在不影响网络正常工作的情况下，进行截获、窃取、破译以获得重要的机密信息。这两种攻击均可对计算机网络造成极大的危害，并导致机密数据的泄露。

4. 软件的漏洞和"后门"

随着计算机系统的越来越复杂，一个软件特别是大的系统或应用软件要想进行全面彻底的测试已经变得越来越不可能了。虽然在设计与开发一个大型软件的过程中可以进行某些测试，但总是会多多少少留下某些缺陷和漏洞，这些缺陷可能长时间也发现不了，而只有当被利用或某种条件得到满足时，才会显现出来。目前像Windows xp、Windows 7、UNIX系统软件，以及IE、NetscapeCommunicator等大型应用软件，都不断被用户发现有这样或那样的安全漏洞。另外，软件的"后门"都是软件公司的设计和编程人员为了自便而设置的，一般不为外人所知，但一旦"后门"洞开，其造成的后果将不堪设想。

5. 网络协议的安全漏洞

网络服务一般是通过各种各样的协议完成的，因此网络协议的安全性是网络安全的一个重要方面。如果网络通信协议存在安全上的缺陷，那么敌手就有可能不必攻破密码体制即可获得所需要的信息或服务。值得注意的是，网络协议的安全性是很难得到绝对保证的。目前协议安全性的保证通常有两种方法：一种是用形式化方法来证明一个协议是安全的；另一种是设计者用经验来分析协议的安全性。形式化证明的方法是人们所希望的，但一般的协议安全性也是不可判定的，所以现在对复杂的通信协议的安全性主要采用找漏洞分析的方法。无疑，这种方法有很大的局限性。实践证明，目前互联网提供的一些常用服务所使用的协议，如 elnet、FTP 和 HTTP 协议，在安全方面都存在一定的缺陷。许多黑客攻击都是利用了这些协议的安全漏洞才得逞的。实际上，网络协议的漏洞是当今互联网面临的一个严重的安全问题。

6. 计算机病毒的攻击

什么是病毒？计算机病毒（Computer Virus）在《中华人民共和国计算机信息系统安全保护条例》中被明确定义为："指编制或者在计算机程序中插入的破坏计算机功能或者破坏数据，影响计算机使用并且能够自我复制的一组计算机指令或者程序代码。"

目前，全球出现的数万种病毒按照基本类型划分，可归为六种：引导型病毒、可执行文件病毒、宏病毒、混合病毒、特洛伊木马型病毒、互联网语言病毒。

计算机病毒作为一种具有破坏性的程序，往往想尽一切手段将自身隐藏起来，保护自己；病毒在某些特定条件被满足的前提下，病毒就会发作，这也就是病毒的破坏性。病毒的破坏性有些只是显示一些图片、放一段音乐或和你开个玩笑，这类病毒就是良性病毒；而有些病毒则含有明确的目的性，像破坏数据、删除文件、格式化磁盘等，这类病毒就是恶性病毒。计算机病毒的破坏行为体现了病毒的杀伤能力，病毒破坏行为的激烈程度取决于病毒作者的主观愿望及其所具有的技术能量。

5.3 电子商务网络安全技术

5.3.1 防火墙技术

1. 防火墙

一般的电子商务系统包括企业的内联网（Intranet）。但是内联网与互联网连接以后，如果不加限制，互联网上的每一个用户都可能访问企业内部网，这就使黑客有机可乘，能够轻而易举地侵入企业网，非法访问企业网的内部资源。因此，在企业内部网与外部网之间设置一道安全屏障的意义就非常重要。

防火墙（Firewall）是指一个由软件和硬件设备组合而成，在内联网和互联网之间构筑的一道屏障（如图 5.2 所示），用于加强内部网络和公共网络之间安全防范的系统。

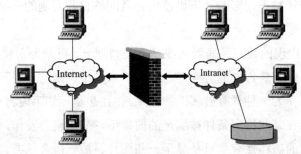

图 5.2 防火墙

防火墙能允许你"同意"的人和数据进入你的网络，同时将你"不同意"的人和数据拒之门外，最大限度地阻止网络中的黑客来访问你的网络，防止他们更改、拷贝、毁坏你的重要信息。总的来说，防火墙主要用于实现网络路由的安全，它包括以下两个方面：一是限制外部网对内部网的访问，从而保护内部网特定资源免受非法侵犯；二是限制内部网对外部网的访问，主要是针对一些不健康信息及敏感信息的访问。

具体来说，防火墙应具有以下基本功能：过滤进出网络的数据包；管理进出网络的访问行为；封堵某些禁止的访问行为记录；检测通过防火墙的信息内容；警告对网络进行的攻击。

防火墙的根本目的是：保证任何非允许的数据包"不通"。而路由器的根本目的是：保持网络和数据的"通"。

2. 防火墙的安全策略

（1）凡是没有被列为允许的访问都是被禁止的。这是安全性高于一切的策略。

（2）凡是没有被列为禁止的访问都是被允许的。这种策略只需确定那些不安全的客户和服务，以禁止他们访问。

5.3.2 虚拟专用网技术

虚拟专用网（Virtual Private Network，VPN）技术是一种在公用互联网络上构造企业专用网络的技术。通过 VPN 技术，可以实现企业不同网络的组件和资源之间的相互连接，它能够利用互联网或其他公共互联网络的基础设施为用户创建隧道，并提供与专用网络一样的安全和功能保障。虚拟专用网络允许远程通信方、销售人员或企业分支机构使用互联网等公共互联网络的路由基础设计，以安全的方式与位于企业内部网内的服务器建立连接。VPN 对用户端透明，用户使用一条专用路线在客户计算机和企业服务器之间建立点对点连接，进行数据的传输。

虚拟专用网络技术支持企业通过互联网等公共互联网络与分支机构或其他公司建立连接，进行安全通信。这种跨越互联网建立的 VPN 连接在逻辑上等同于两地之间使用专用广域网建立的连接。VPN 利用公共网络基础设施为企业各部门提供安全的网络互联服务，它能够使运行在 VPN 之上的商业应用享有几乎和专用网络同样的安全性、可靠性、优先级别和管理性。

VPN 网络可以利用 IP 网络、帧中继网络和 ATM 网络建设。VPN 具体实现是采用隧道技术，将企业内的数据封装在隧道中进行传输。隧道协议可分为第二层隧道协议 PPTP、L2F、L2TP 和第三层隧道协议 GRE、IPsec。利用 VPN 技术可以建设用于互联网交易的专用网络，它可以在两个系统之间建立安全的信道（或隧道），用于电子数据交换（EDI）。在 VPN 中通信的双方彼此都较熟悉，这意味着可以使用复杂的专用加密和认证技术，只要通信的双方默认即可，没有必要为所有的 VPN 进行统一的加密和认证。现有的或正在开发的数据隧道系统可以进一步增加 VPN 的安全性，因而能够保证数据的保密性和可用性。

5.3.3 反病毒技术

计算机病毒与医学上的"病毒"不同,计算机病毒不是天然存在的,是人利用计算机软件和硬件所固有的脆弱性编制的一组指令集或程序代码。它能潜伏在计算机的存储介质(或程序)里,条件满足时即被激活,通过修改其他程序的方法将自己的精确拷贝或者可能演化的形式放入其他程序中,从而感染其他程序,对计算机资源进行破坏。计算机病毒是人为造成的,对其他用户的危害性很大。

1. 计算机病毒的特点

(1)繁殖性。

计算机病毒可以像生物病毒一样进行繁殖,当正常程序运行时,它也可以运行自身复制。是否具有繁殖、感染的特征是判断某段程序是否为计算机病毒的首要条件。

(2)破坏性。

计算机中毒后,可能会导致正常的程序无法运行,如把计算机内的文件删除或使其受到不同程度的损坏,破坏引导扇区及BIOS,硬件环境破坏。

(3)传染性。

计算机病毒的传染性是指计算机病毒通过修改别的程序将自身的复制品或其变体传染到其他无毒的对象上。这些对象可以是一个程序,也可以是系统中的某一个部件。

(4)潜伏性。

计算机病毒的潜伏性是指计算机病毒可以依附于其他媒体寄生的能力,侵入后的病毒潜伏到条件成熟才发作,会使电脑变慢。

(5)隐蔽性。

计算机病毒具有很强的隐蔽性,可以通过病毒软件检查出来的占少数。隐蔽性计算机病毒时隐时现、变化无常,这类病毒处理起来非常困难。

(6)可触发性。

编制计算机病毒的人,一般都为病毒程序设定了一些触发条件,如系统时钟的某个时间或日期、系统运行了某些程序等。一旦条件满足,计算机病毒就会"发作",使系统遭到破坏。

2. 计算机病毒的分类

(1)按照病毒的破坏性分类。

计算机病毒可以分为良性病毒、恶性病毒、极恶性病毒、灾难性病毒。

(2) 按照病毒的传染方式分类。

计算机病毒可分为引导区型病毒、文件型病毒、混合型病毒和宏病毒。

引导区型病毒主要在操作系统中传播，感染引导区，蔓延到硬盘，并能感染到硬盘中的"主引导记录"。

文件型病毒是文件感染者，也称为"寄生病毒"。它运行在计算机存储器中，通常感染扩展名为 COM、EXE、SYS 等。

混合型病毒具有引导区型病毒和文件型病毒两者的特点。

宏病毒是指用 BASIC 语言编写的病毒程序寄存在 Office 文档上的宏代码。宏病毒影响对文档的各种操作。

(3) 典型病毒介绍。

① 木马病毒。

"特洛伊木马"简称"木马"（Trojan Horse），是一种基于远程控制的黑客工具，通常寄生于用户的计算机系统中，盗窃用户信息，并通过网络发送给黑客。在黑客进行的各种攻击行为中，木马都起到了开路先锋的作用。

木马也采用客户机/服务器模式。它一般包括一个客户端和一个服务器端，客户端放在木马控制者的计算机中，服务器端放置在被入侵的计算机中。木马控制者通过客户端与被入侵计算机的服务器端建立远程连接，一旦连接建立，木马控制者就可以通过向被入侵计算机发送指令来传输和修改文件。

攻击者利用一种称为绑定程序的工具将服务器绑定到某个合法软件上，诱使用户运行合法软件。只要用户一运行该软件，木马的服务器就能在用户毫无知觉的情况下完成安装过程。

通常木马的服务器是可以定制的。攻击者可以定制的项目一般包括：服务器运行的 IP 端口号、程序启动机、如何发出调用、如何隐身、是否加密等。另外，攻击者还可以设置登录服务器的密码，确定通信方式。服务器向攻击者通知的方式可能是发送一个 E-mail，宣告自己当前已成功接管的机器。

木马病毒的危害可以读、写、存、删除文件，可以得到你的隐私、密码，鼠标在计算机上的每一下移动，黑客都可以尽收眼底，而且黑客能够直接控制你的鼠标和键盘去做他想做的任何事。

木马主要以网络为依托进行传播，偷取用户隐私资料是其主要目的。这些木马病毒多具有引诱性与欺骗性。

② 蠕虫病毒。

作为对互联网危害严重的一种计算机程序，其破坏力和传染性不容忽视。与传统的病毒不同，蠕虫病毒以计算机为载体，以网络为攻击对象。

根据使用者情况的不同，蠕虫可分为两类：面向企业用户的蠕虫和面向个人用户的蠕虫。

按其传播和攻击特征蠕虫可分为三类：漏洞蠕虫69%，邮件蠕虫27%，传统蠕虫4%。企业类蠕虫病毒需要通过加强网络管理员安全管理水平、提高安全意识、建立病毒检测系统、建立应急响应系统、将风险减少到最低、建立备份和容灾系统等方式进行防范。

对于个人用户而言，威胁大的蠕虫病毒一般通过电子邮件和恶意网页传播方式传播。计算机病毒将会变得网络化、功能综合化、传播途径多样化、多平台化。

3. 反病毒技术

（1）反病毒技术的基本原则。

① 不存在这样一种反病毒软硬件，能够防治未来产生的所有病毒。

② 不存在这样的病毒软件，能够让未来的所有反病毒软硬件都无法检测。

③ 目前的反病毒软件和硬件以及安全产品是易耗品，必须经常进行更新、升级。

④ 病毒产生在前，反病毒手段滞后将是长期的过程。

（2）用户病毒防治实用方法。

① 学习电脑知识，增强安全意识。

② 经常对电脑内容进行备份。

③ 开机时打开实时监控，定时对电脑文件进行扫描。

④ 经常对操作系统打补丁，对反病毒软件进行升级。

⑤ 一旦病毒破坏导致数据丢失，通过备份进行修复或者通过专业公司进行灾难恢复。

4. 目前广泛应用的反病毒技术

（1）特征码扫描法。

特征码扫描法是分析出病毒的特征病毒码并集中存放于病毒代码库文件中，在扫描时将扫描对象与特征代码库比较，如有吻合则判断为染上病毒。该技术实现简单有效，安全彻底；但查杀病毒滞后，并且庞大的特征码库会造成查毒速度下降。

（2）虚拟执行技术。

该技术通过虚拟执行方法查杀病毒，可以对付加密、变形、异型及病毒生产机生产的病毒，具有如下特点：

在查杀病毒时在机器虚拟内存中模拟出一个"指令执行虚拟机器"在虚拟机环境中虚拟执行（不会被实际执行）。可疑带毒文件在执行过程中，从虚拟机环境内截获文件数据，如果含有可疑病毒代码，则杀毒后将其还原到原文件中，从而实现对各类可执行文件内病毒的查杀。

（3）文件实时监控技术。

通过利用操作系统底层接口技术，对系统中的所有类型文件或指定类型的文件进行实时的行为监控，一旦有病毒传染或发作时就及时报警，从而实现了对病毒的实时、永久、自动监控。这种技术能够有效地控制病毒的传播途径，但是这种技术的实现难度较大，系统资源的占用率也会有所降低。

5.3.4 认证技术

安全认证技术也是为了满足电子商务系统的安全性要求采取的一种常用的必需的安全技术。安全认证的主要作用是进行信息认证。信息认证的目的有以下两个方面。

（1）确认信息的发送者的身份。

（2）验证信息的完整性，即确认信息在传送或存储过程中未被篡改过。

1. 安全认证技术

安全认证技术主要有数字摘要（Digital Digest）、数字信封（Digital Envelop）、数字签名（Digital Signature）、数字时间戳（Digital Time Stamp）、数字证书（Digital Certificate，Digital ID）等。

（1）数字摘要。

数字摘要是采用单向 Hash 函数对文件中若干重要元素进行某种变换运算得到固定长度的摘要码（Finger Print，数字指纹），并在传输信息时将其加入文件一同送给接收方，接收方收到文件后，用相同的方法进行变换运算，若得到的结果与发送来的摘要码相同，则可断定文件未被篡改，反之亦然。

加密方法亦称安全 Hash 编码法（Secure Hash Algorithm，SHA）或 MD5（Standards for Message Digest），由 Ron Rivest 所设计。该编码法采用单向 Hash 函数将需加密的明文"摘要"成一串 128bit 的密文，这一串密文亦称为数字指纹（Finger Print）。

它有固定的长度，且不同的明文摘要成密文，其结果总是不同的，而同样的明文其摘要必定一致。这样这串摘要便可成为验证明文是否是真身的"指纹"了。

这种方法可以与加密技术结合起来使用，数字签名就是上述两种方法结合使用的实例。

（2）数字信封。

数字信封是用加密技术来保证只有规定的特定收信人才能阅读信的内容。在数字信封中，信息发送方采用对称密钥来加密信息，然后将此对称密钥用接收方的公开密钥来加密（这部分称为数字信封）之后，将它和信息一起发送给接收方，接收方先用相应的私有密钥打开数字信封，得到对称密钥，然后使用对称密钥解开信息。这种技术的安全性相当高。

（3）数字签名。

日常生活中，通常通过对某一文档进行签名来保证文档的真实有效性，可以对签字方进行约束，防止其抵赖行为，并把文档与签名同时发送以作为日后查证的依据。在网络环境中，可以用电子数字签名作为模拟，从而为电子商务提供不可否认服务。

把 Hash 函数和公钥算法结合起来，可以在提供数据完整性的同时保证数据的真实性。完整性保证传输的数据没有被修改，而真实性则保证是由确定的合法者产生的 Hash，而不是由其他人假冒。而把这两种机制结合起来就可以产生所谓的数字签名（Digital Signature），其原理为：

① 被发送文件用安全 Hash 编码法 SHA（Secure Hash Algorithm）编码加密产生 128bit 的数字摘要。

② 发送方用自己的私用密钥对摘要再加密，这就形成了数字签名。

③ 将原文和加密的摘要同时传给对方。

④ 对方用发送方的公共密钥对摘要解密，同时对收到的文件用 SHA 编码加密产生又一摘要。

⑤ 将解密后的摘要和收到的文件在接收方重新加密产生的摘要相互对比。如两者一致，则说明传送过程中信息没有被破坏或篡改过；否则不然。

数字签名是通过 Hash 函数与公开密钥算法来实现的，如果第三方冒充发送方发送了一个文件，因为接收方在对数字签名进行解密时使用的是发送方的公开密钥，只要第三方不知道发送方的私用密钥，解密出来的数字摘要与计算机计算出来的新摘要必然是不同的。这就提供了一个安全的确认发送方身份的方法。

一个签名体制一般包含两个组成部分：签名算法和验证算法。签名算法或签名密钥是秘密的，只有签名人掌握。验证算法应当是公开的，以便于他人进行验证。

数字签名相对于手写签名在安全性方面具有如下好处：数字签名不仅与签名者的私有密钥有关，而且与报文的内容有关，因此不能将签名者对一份报文的签名复制到另一份报文上，同时也能防止篡改报文的内容。

（4）数字时间戳。

交易文件中，时间是十分重要的信息。在书面合同中，文件签署的日期和签名均是十分重要的，是防止文件被伪造和篡改的关键性内容。而在电子交易中，同样需对交易文件的日期和时间信息采取安全措施，而数字时间戳服务（Digital Time–stamp Service，DTS）就能提供电子文件发表时间的安全保护。数字时间戳服务（DTS）是网络安全服务项目，由专门的机构提供。

时间戳是一个经加密后形成的凭证文档，它包括三个部分：

① 需加时间戳的文件的摘要；

② DTS 收到文件的日期和时间；

③ DTS 的数字签名。

时间戳产生的过程为：用户首先将需要加时间戳的文件用 Hash 编码加密形成摘要，然后将该摘要发送到 DTS，DTS 在加入了收到文件摘要的日期和时间信息后再对该文件加密（数字签名），然后送回用户。

由 Belcore 创造的 DTS 采用如下的过程：加密时将摘要信息归并到二叉树的数据结构；再将二叉树的根值发表在报纸上，这样更有效地为文件发表时间提供了佐证。注意，书面签署文件的时间是由签署人自己写上的，而数字时间戳则不然，它是由认证单位 DTS 来加的，以 DTS 收到文件的时间为依据。因此，时间戳也可作为科学家的科学发明文献的时间认证。

（5）数字证书（Digital Certificate，Digital ID）。

在交易支付过程中，参与各方必须利用认证中心签发的数字证书来证明各自的身份。所谓数字证书，就是用电子手段来证实一个用户的身份及用户对网络资源的访问权限。在网上电子交易中，如果双方出示了各自的数字证书，并用它来进行交易操作，那么双方都可不必为对方身份的真伪担心。

数字证书是用来确认安全电子商务交易双方身份的唯一工具。由于它由证书管理中心做了数字签名，因此，任何第三方都无法修改证书的内容。任何信用卡持有人只有申请到相应的数字证书，才能参加安全电子商务的网上交易。

数字证书的内部格式是由 CCITTX509 国际标准所规定的，它必须包含以下几点：证书的版本号；数字证书的序列号；证书拥有者的姓名；证书拥有者的公开密钥；公开密钥的有效期；签名算法；办理数字证书的单位；办理数字证书单位的数字签名。

在电子商务中,数字证书一般有四种类型:客户证书,商家证书,网关证书及 CA 系统证书。

2. 安全认证机构

电子商务授权机构(CA)也称为电子商务认证中心(Certificate Authority)。在电子交易中,无论是数字时间戳服务还是数字证书的发放,都不是靠交易的双方自己能完成的,而需要有一个具有权威性和公正性的第三方来完成。认证中心(CA)就是承担网上安全电子交易认证服务,能签发数字证书,并能确认用户身份的服务机构。认证中心通常是企业性的服务机构,主要任务是受理数字证书的申请、签发及对数字证书的管理。

在做交易时,向对方提交一个由 CA 签发的包含个人身份的证书,使对方相信自己的身份。顾客向 CA 申请证书时,可提交自己的驾驶执照、身份证或护照,经验证后,发放证书。证书包含顾客的名字和他的公钥,以此作为网上证明自己身份的依据。

认证机构的核心职能是发放和管理用户的数字证书。认证机构在整个电子商务环境中处于至关重要的位置,它是整个信任链的起点。认证机构是开展电子商务的基础,如果认证机构不安全或发放的证书不具权威性,那么网上电子交易就根本无从谈起。

认证机构发放的证书一般分为持卡人证书、支付网关证书、商家证书、银行证书、发卡机构证书。

CA 有四大职能:证书发放、证书更新、证书撤销和证书验证。下面具体阐述各职能要完成的工作。

(1)证书发放。对于 SET 的用户,可以有多种方法向申请者发放证书。可以发放给最终用户签名的或加密的证书,向持卡人只能发放签名的证书,向商户和支付网关可以发放签名并加密的证书。

(2)证书更新。持卡人证书、商户和支付网关证书应定期更新,更新过程与证书发放过程是一样的。

(3)证书撤销。证书的撤销可以有许多理由,如私有密钥被泄露,身份信息的更新或终止使用等。对持卡人而言,他需要确认自己的账户信息不会发往一个未被授权的支付网关。因此,被撤销的支付网关证书需包含在撤销清单中并散发给持卡人;由于持卡人不会将任何敏感的支付信息发给商家,所以,持卡人只需商户证书的有效性即可。对商户而言,需检查持卡人不在撤销清单中,并需与发卡行验证信息的合法性；同样支付网关需检查商户证书不在撤销清单中，并需与收单行验证信息的合法性。

（4）证书验证。SET 证书是通过信任分级体系来验证的，每一种证书与签发它的单位相联系，沿着该信任树直接到一个认可信赖的组织，就可以确定证书的有效性，信任树"根"的公用密钥对所有 SET 软件来说都是已知的，因而可以按次序检验每一个证书。

5.4 数据加密技术

5.4.1 数据加密的原理

1. 加密与解密

将明文数据进行某种变换，使其成为不可理解的形式，这个过程就是加密，这种不可理解的形式称为密文。解密是加密的逆过程，即将密文还原成明文。

2. 算法和密钥

加密和解密必须依赖两个要素，这两个要素就是算法和密钥。算法是加密和解密的计算方法；密钥是加密和解密所需的一串数字。下面通过一个最简单的加密例子来帮助我们理解算法和密钥的概念。

例如：采用移位加密法，使移动 3 位后的英文字母表示原来的英文字母，对应关系如下：

A B C D E F G H I J K L M N O P Q R S T U V W X Y Z
D E F G H I J K L M N O P Q R S T U V W X Y Z A B C

用移位以后的字母顺序表示"HOW DO YOU DO"，就会变成"KRZGRBRXGR"。此例中移位规则就是算法，移动的位数 3 就是密钥，"HOW DO YOU DO"是明文，"KRZGRBRXGR"是密文。如果将密钥换成 5，则密文变成"MTBITDTZIT"。

从这个简单的例子可见，算法和密钥在加密和解密时缺一不可，当算法固定时，变换密钥可以得到不同的密文。

在实际加密过程中，都是采用公开的固定加密算法，变化的是密钥。这样可以不必重复烦琐的算法设计工作，实现用一个算法对多个对象发送不同密文，而且万一密文被破译，只需更换一个新密钥即可。

在加密算法公开的情况下，非法解密者就要设法破获密钥，为了使黑客难以破获密钥，就要增加密钥的长度，使黑客无法用穷举法测试破解密钥。

5.4.2 对称密钥加密技术

在对称加密方法中，对信息的加密和解密都使用相同的密钥。也就是说，一把钥匙开一把锁。使用对称加密方法将简化加密的处理，每个贸易方都不必彼此研究和交换专用的加密算法，而是采用相同的加密算法并只交换共享的专用密钥。如果进行通信的贸易方能够确保专用密钥在密钥交换阶段未曾泄露，那么机密性和报文完整性就可以通过对称加密方法加密机密信息和通过随报文一起发送报文摘要或报文散列值来实现。对称加密技术存在着在通信的贸易方之间确保密钥安全交换的问题。此外，当某一贸易方有"n"个贸易关系时，那么他就要维护"n"个专用密钥（即每把密钥对应一贸易方）。对称加密方式存在的另一个问题是无法鉴别贸易发起方或贸易最终方。因为贸易双方共享同一把专用密钥，贸易双方的任何信息都是通过这把密钥加密后传送给对方的。

该技术的优点：加密解密速度快。

该技术的缺点如下。

（1）密钥管理和使用的难度大。在首次通信前，要求双方必须通过除网络以外的另外途径传递统一的密钥。当通信对象增多时，对称密钥的分配与管理就十分烦琐。

（2）存在着潜在的危险。对称加密是建立在共同保守秘密的基础之上的，在管理和分发密钥过程中，任何一方的泄密都会造成密钥的失效。

5.4.3 非对称密钥加密技术

又叫"公私钥加密技术"。它是为了克服对称加密技术存在的密钥管理和分发上的问题而产生的一种加密技术。所以说，非对称加密技术就是使用 RSA 算法，发送者加密和接收者解密使用不同密钥的加密方法。

在非对称加密体系中，存在一对密钥：公开密钥（公钥）、专用密钥（私钥）。公钥和加密算法通过非保密方式向他人公开，可以放在网页上供人下载。而私钥只有自己知道，严密保管。一般情况下，公钥用于对机密性信息的加密，私钥则用于对加密信息的解密。

利用非对称加密技术实现机密信息交换的基本过程是：

贸易方甲将公钥向其他贸易方公开；得到该公钥的贸易方乙使用该密钥对机密信息进行加密后再发送给贸易方甲；贸易方甲再用自己的私钥对加密后的信息进行解密。

注意：

① 加密解密使用的公钥和私钥属于某一方。它们是相匹配的，就像一把钥匙和一把锁的关系；

② 用谁的公钥（私钥）加密，就只能用谁的私钥（公钥）来解密。

第六章
电子商务物流

6.1 物流概述

经济全球化为物资供应、材料加工、成品组装、产品包装、市场营销提供了更为广阔的拓展空间;世界经济一体化促使贸易的方式和技术快速更新,特别是近年来电子商务的飞速发展,使贸易活动更加频繁,交易数量急剧膨胀,迫切需要有与之相配套的物流服务。曾经制约电子商务发展的网上支付、网络安全等问题已基本得到解决,然而物流配送问题对电子商务发展的制约作用却越来越突出,特别是在物流体系尚不健全的我国,物流现已成为影响电子商务发展的"瓶颈"。一个完整的电子商务交易过程一般包含信息流、资金流和物流。物流是信息流和资金流最终实现的根本保证,如果信息流、资金流传递速度很快,而物流传递速度跟不上,电子商务的优势还是体现不出来。电子商务的迅猛发展与传统的物流实现方式的矛盾已变得越来越尖锐,"成也物流,败也物流"已成为开展电子商务的企业首要把握的原则。

6.1.1 物流的概念

"物流"一词最早出现在美国,汉语的意思是"实物分配"或"货物配送"。1915年,阿奇萧在《市场流通中的若干问题》一书中就提到"物流"一词。第二次世界大战中,美国军队围绕战争供应建立了"后勤"(Logistics)理论,并将其用于战争活动中,其中所提出的"后勤"是指战时的物资生产、采购、运输、配给等活动。1991年的海湾战争在1个月左右的时间,用最经济的方案,将50多万兵力、50多万吨的空运物资和300万吨的海运物资从分布在世界各地的基地集结、发送到指定的地点。这项庞大的军事活动被视为后勤学应用的一大典范,并成为企业组织商品生产和流通的范例。后来"后勤"在商业活动中得到了广泛的应用,包含了生产过程和流通过程的物流,形成了范围更广泛的概念。这里所说的后勤供应服务是一种以"供应链理论""虚拟工厂理论"等为背景的新型物流服务模式,是供应环节与运输环节有机结合的产物和物流理论的升华。

物流的定义有很多,目前在国内外普遍采用的有以下几种。

(1)我国国家质量技术监督局对物流的定义。

物流是指物品从供应地向接收地的实体流动过程,根据实际需要,将运输、储存、装卸、搬运、包装、流通加工、配送、信息处理等基本功能实施有机的结合。

(2)美国物流管理协会对物流的定义。

物流是供应链流程的一部分,是为满足消费者需求而进行的对货物、服务及相关信息从起始地到消费地的有效率与效益的流动与储存的计划、实施与控制的过程。

(3)联合国物流委员会对物流作了新的界定。

物流是为了满足消费者需要而进行的从起点到终点的原材料、中间过程库存、最终产品和相关信息有效流动和储存计划、实现和控制管理的过程。

从物流的定义可知,物流过程一方面包含运输、存货、管理、仓储、包装、物料搬运及其他相关活动;另一方面包含效率与效益两方面,其最终目的是满足客户的需求与企业盈利目标。

现代物流是以系统理论为出发点,考虑各因素的互动影响,通过"物流八最原则"(最合适的运输工具、最便利的联合运输、最短的运输距离、最合理的包装、最少的仓储、最短的时间、最快的信息、最佳的服务)的策划,实现商品较低成本及较好效果并举的位移结果。

6.1.2 物流的分类

社会经济领域中的物流活动无处不在,许多领域都有特征性的物流活动。尽管不同领域中的物流存在着相同的基本要素,但在不同的生产活动中物流的对象、目的、范围不同,就形成了不同的物流类型。按照物流系统中商品运动方式、空间范围、研究对象，可以从不同的角度对物流系统进行分类。

1. 按商品运动方式分类

（1）流通业物流。流通业物流是为了克服产品生产点与消费点之间存在的空间和时间上的间隔而产生的一种物品运动方式。它主要通过运输、储存、包装、流通加工、配送等物流运作手段，以最低的成本，把特定的产品和服务在特定的时间提交给特定的客户。流通业物流的运作对象一般是产成品，除了少量的流通加工对物品具有一定的生产性作用以外，流通业物流中，物品自身形态不发生变化，而只是发生空间上的转移和时间上的延迟。

（2）制造业物流。制造业物流是为了将各种物料、零件、配件等物品从原始形态转成特定的产品形态而产生的一种物品运动方式。制造业物流中，物品形态随着生产加工的进行而不断变化，直至最后成为特定形态的产成品。制造业物流中按其所发挥的职能可分为供应物流、生产物流、销售物流、回收物流、废弃物流等。

2. 按空间范围分类

（1）地区物流。指在地区内运动的物流。地区有不同的划分标准：可以按行政区域划分，如华东地区、华中地区等；可以按经济圈划分，如苏锡常地区、黑龙江边境贸易区等；也可以按地理区域位置划分，如长江三角洲地区、珠江三角洲地区等。

（2）国内物流。在一个国家的范围内所进行的物流。国内物流的运作应遵守国内物流管理部门所制定的行业标准。

（3）国际物流。是指原材料、在制品、半成品和产成品在国与国之间的流动和移动，即包括各种形式的物资在国与国之间的流入和流出，如进（出）口商品、转运物资、过境物资、邮件、捐赠物资、援助物资，加工装配所需物料、部件以及退货等在国与国之间的流动等。

3. 按研究对象分类

（1）社会物流。社会物流也称为大物流或宏观物流。它是指全社会物流的整体，是国民经济的重要组成部分。政府宏观经济政策和物流政策对宏观物流的发展具有重要作用。国家的基础设施建设，如港口、机场、码头、航道、铁路、公路以及重要物资的仓储基地等都会对宏观物流的发展产生重大的影响，决定着宏观物流的整体效益。

（2）行业物流。同一行业中的企业是市场上的竞争对手，但在物流领域中常常可以互相协作，共同促进行业物流系统的合理化。例如，日本的建设机械行业提出行业物流系统化的具体内容为：各种运输手段的有效利用；建设共同的零部件仓库，实行共同集中配送；建立新旧设备及零部件的共同流通中心；建立技术中心，共同培训操作人员和维修人员；统一建设机械的规格等。

（3）企业物流。企业内部范围内物品的实体流动。

6.1.3 物流系统的概念与组成

物流系统是指在一定的时间和空间里，由所需输送的物料和包括有关设备、输送工具、仓储设备、人员以及通信联系等若干相互制约的动态要素构成的具有特定功能的有机整体。

物流系统是"有效地达成物流目的的一种机制"，物流的目的是"追求以最低物流成本向客户提供优质物流服务"。物流系统作为一个整体，内部因素是不可分割的。系统论的一个观点是：局部的最优不等于全局最优。所以只有将物流系统内部的各要素综合考虑，相互配合，服从物流系统整体的功能和目的，才能使作为整体的物流系统达到最优。整体优化的目的就是要使输入最少，即物流成本、消耗的资源最少，而作为输出的物流服务效果最佳。

物流系统是一个复杂的系统工程，涉及通信系统、交通运输系统、资源管理系统以及信息管理系统等多种系统的综合功能。物流系统由以下几个部分构成。

（1）物流配送中心。

物流配送中心是物流系统的核心。物流配送中心是集存储保管、集散转运、流通加工、商品配送、信息传递、代购代销、连带服务等多功能于一体的现代化物流管理中心，承担物资的集中和分发等多种功能。

（2）物流信息网络系统。

物流信息网络系统是整个物流系统管理和调度的信息平台，是物流系统信息基础设施。所有的管理信息、物流信息和客户服务信息都是通过这个数据通信网络平台传输和管理的。同时，物流信息网络应该实现同上下游企业或其他合作伙伴物流企业之间的信息通信连接。这个网络的有无，反映了电子商务物流和传统物流的根本区别。物流信息系统还应该提供公共的信息服务平台，便于各种客户对系统的访问。这个系统的高效运行，是提高物流系统效益的基本条件。物流信息网络系统要使用各种现代网络通信技术，如移动通信、卫星通信和数据安全等技术。

（3）物流运输网络。

物流运输网络是由分布于不同地域，由各种运输工具和相应的管理系统和工作人员组成，主要完成货物运输的系统。物流运输系统是在物流中心管理系统的统一调度和控制下，实现物流运输资源的最佳配置和最佳运输线路的安排等管理功能。物流运输网络也可能是由多个物流企业结成联盟，共同实现物流效益的最大化。

（4）物流仓储。

现代化的大型仓储场地和设备是物流系统存储、管理货物的基地，也是现代物流的标志之一。现代物流仓储无论是设备还是管理方式都不同于传统的物资仓库管理。为了实现存储空间的高效利用和货物的快速分拣，现代物流仓储需要立体的存储货架、现代化存取货物的机械设备以及智能化仓储管理信息系统。

（5）客户服务系统。

快速、便捷、透明的物流服务是使客户满意，从而获得更多忠诚客户的重要条件。因此一个功能完善的物流系统应该包括完善的客户服务系统，为客户提供全方位的物流信息服务，如客户物流跟踪信息、客户投诉和信息反馈以及客户查询信息功能等。

（6）物流管理系统。

物流管理系统通过物流管理组织，对整个物流活动进行计划、实施、评价的工作，以不断提高物流的经济效益。物流管理包括规划、组织实施和协调控制的过程，其目的是以最低的物流成本达到客户所满意的服务水平。物流系统的组织和管理需要大量的各种类型的专业物流管理人才。

6.1.4 物流的基本功能

物流的基本功能包括运输、保管、装卸搬运、包装、流通加工以及与其相联系的物流信息，它们相互联系，构成物流系统的功能组成要素。

① 运输。指用设备和工具将物品从一地点向另一地点运送的物流活动。其中包括集货、分配、搬运、中转、装入、卸下、分散等一系列活动。

② 保管。保管是对物品进行保存并对其数量、质量进行管理控制的活动。

③ 装卸搬运。装卸搬运是指在同一地域范围内进行的，以改变货物存放状态和空间位置为主要内容和目的的物流活动。

④ 包装。包装是指为在流通过程中保护产品、方便储运、促进销售，按一定

的技术方法而在采用的容器、材料及辅助物等的总体名称。也指为了达到上述目的而在采用容器、材料及辅助物的过程中施加一定技术方法等的操作活动。也就是说，包装是包装物及包装操作的总称。

⑤ 流通加工。流通加工是指物品在从生产地到使用地的过程中，根据需要施加包装、分割、计量、分拣、刷标志、拴标签、组装等简单作业的总称。其作用是通过流通加工增加产品的附加价值，生产出新的产品来满足社会需要，在供应量不变的情况下能增加企业经济效益。

6.2 电子商务物流的模式

在现代社会，社会分工渐趋精细，专业化日益盛行，为达到企业的正常运作，物流是每个企业都必须具备的功能。但是，根据所处行业和规模的不同，企业所需物流功能的程度也不同，组建物流体系的规模也不一样。

物流模式是指企业为得到自身所需的物流功能而组建物流体系时所选择的组建模式。由于电子商务在网上完成商流、信息流和资金流，只有物流在网下完成的特点，所以对于企业开展电子商务来说，选择何种物流模式建立合乎要求的物流体系，是电子商务能否成功实施的关键。

6.2.1 传统物流模式

由于发展的起点和环境不同，国内和国外对于物流模式有着不同的解决方式，代表不同的思考思路。

1. 整体化物流模式

这是一种典型的整体化物流模式，在美国比较流行。整体化物流模式，强调整体化的物流管理系统，即从物流管理的整体格局出发，进行统一规划、统一管理，使物流形成以企业总体利益为最高目标的整合体制。这种物流模式的思路是：公司目标（整体效益）—资源组织（投入产出）—过程运作（整体规范）。这种模式的基本特点是消除部门界限，统一运行过程。

这种整体化的物流模式解决思路也被称为物流中央化，是一种以整体利益为重，冲破按部门分管的体制，从整体进行统一规划管理的管理方式。在市场营销方面，其对物流的管理包括分配计划、运输、仓储、市场研究、为用户服务五个过程；在流通和服务方面，包括需求预测、订货过程、原材料购买、加工过程，即从原材料购买直至送达顾客的全部物资流通过程。

2. 围绕配送中心进行构建的物流模式

这是日本企业在其一贯的低成本思想的指导下建立的物流模式。这种模式以降低物流成本作为解决问题的核心，构建一个低耗、高效的配送中心，由此引申出去，形成物流的其他方面和过程。

日本的高效配送中心物流过程是生产—流通—消费—还原（废物的再利用及生产资料的补足和再生产）。在日本，物流是非独立领域，受多种因素的制约。物流（少库存多批发）与销售（多库存少批发）相互对立，必须利用统筹来获得整体成本最小的效果。物流的前提是企业的销售政策、商业管理、交易条件。销售订货时，交货条件、订货条件、库存量条件对物流的结果影响巨大。流通中的物流问题已转向研究供应、生产、销售中的物流问题。

3. 适应社会发展条件形成的物流模式

在我国，由于物流业起步较晚，观念滞后，加之硬件老化、体制落后，尚未形成信息化、规模化的现代物流模式。在目前电子商务物流发展刚刚起步的情况下，对于物流模式的选择，其思考的思路是"看菜做饭"，即根据当时社会发展所能提供的硬件设施来构建企业的物流体系。

（1）邮政物流模式。

中国邮政业在物流配送方面优势明显。一是邮政拥有庞大的投递队伍和遍布城乡、四通八达的投递网络，这是国内任何一家企业所无法比拟的；二是邮政拥有良好的社会信誉，由邮政提供的电子商务物流服务，企业和用户的信任度均较高；三是邮政现有的场地、设施、业务功能和处理流程基本上具备现代物流的雏形框架，在建设现代物流体系方面，业务过渡适应性强，能够节省物流体系的总体投资，特别是物流配送中心的基础投资。

邮政特快专递（EMS）服务是一种典型的邮政物流模式。实现电子商务的企业或商家从网站或虚拟网站上获得消费者的购物清单和家庭地址等信息，然后到附近的邮局办理特快专递手续将商品寄出，消费者收到邮局的取货通知，到所在地邮局将商品取回，或由邮递员直接将商品送到顾客家中。

采用EMS方式具有方便、快捷的特点。但是这种方式存在以下问题：首先，EMS服务收费偏高，如果这部分费用由企业或商家负担，则其经营利润会大大降低；如果由消费者承担，则对于小件低价商品，消费者肯定难以接受；其次，EMS很难保证消费者在期望的时间内收到商品。

(2) 铁路物流模式。

作为传统物流企业代表的铁路运输业，在开展电子商务物流配送方面自然也有其得天独厚之处。虽然不像邮政业那样拥有深入到城乡的大范围投递网络，但其带来的效益也不可忽视。因为铁路运输所需投资少、运费低，而且运货量大，网络遍及全国各大中城市，所以特别适合全国范围的主供应商到各个分销商之间的物流传递。

4. 适应配送的不同需要产生的物流模式

(1) 集货型物流模式。

这种模式主要针对上游企业的采购物流过程进行创新而形成。这种物流模式强调的是其物流系统的加工功能，适合的情况是上游企业关联性较强、下游企业则互相独立，上游企业对物流系统的依存度明显大于下游企业。此类物流模式适于成品或半成品物资的配送，如汽车的物流配送。

(2) 散货型物流模式。

这种模式主要是对下游企业的供货物流进行优化而形成。适用的情况是上游企业对物流系统的依存度小于下游企业，而且物流系统的下游企业相对集中或有利益共享（如连锁业）。采用此类物流模式的流通企业，其上游企业竞争激烈，下游企业的需求以多品种、小批量为主要特征，适于原材料或半成品物资的配送，如机电产品的物流配送。

(3) 混合型物流模式。

这种模式综合了上述两种物流模式的优点，并对商品的流通全过程进行有效控制，有效地克服了传统物流的弊端。采用这种物流模式的流通企业规模较大，具有相当的设备投资，如区域性物流系统。在实际流通中，多采取多样化经营，降低了经营风险。这种运作模式比较符合新型物流配送的要求。

6.2.2　电子商务下的物流模式

电子商务的具体实施有多种模式可以选择。完整的电子商务应该完成商流、资金流、信息流和物流四方面，在商流、资金流、信息流都可以在网上进行的情况下，物流体系的建立应该被看作电子商务的核心业务之一。

我国的电子商务物流体系有以下几种组建模式。

1. 电子商务与普通商务活动共用一套物流系统

对于已经开展普通商务的公司，可以建立基于互联网的电子商务销售系统，同时可以利用原有的物流资源，承担电子商务的物流业务。拥有完善流通渠道的制造商或经销商开展电子商务业务，比 ISP、ICP 或网站经营者更加方便。国内从事普通销售业务的公司主要包括制造商、批发商、零售商等。制造商进行销售的倾向在 20 世纪 90 年代表现得比较明显，从专业分工的角度看，制造商的核心业务是商品开发、设计和制造，但越来越多的制造商不仅有庞大的销售网络，而且有覆盖整个销售区域的物流配送网。国内大型制造商的生产人员可能只有 3 000~4 000 人，但营销人员却有 1 万多人，制造企业的物流设施普遍要比专业流通企业的物流设施先进，这些制造企业完全可以利用原有的物流网络和设施支持开展电子商务业务，不需新增物流、配送投资。对这些企业来讲，比投资更为重要的是物流系统的设计、物流资源的合理规划。而批发商和零售商应该比制造商更具有组织物流的优势，因为，它们的主业就是流通，在美国，如 Wal Mart、Sears 等，在国内像北京的翠微大厦、西单商场等都开展了电子商务业务，其物流业务都与其一般销售的物流业务一起安排。

2. ISP、ICP 自己建立物流系统或利用已有的社会化的物流服务系统

ISP 全称 Internet Service Provider，是指提供互联网接入服务的机构单位，如中国电信、中国联通等互联网运营单位及其在各地的分支机构。ICP 全称 Internet Content Provider，是指提供互联网信息服务的单位，即通过互联网开办网站提供有偿或无偿信息服务的机构单位。自从中美达成中国加入 WTO 的双边贸易协定以来，中美两国都有许多 ISP、ICP 想进入中国电子商务市场，国内一些企业与国外的信息企业合资组建电子商务公司时，解决物流和配送系统问题的办法主要有以下三种。

（1）自己组建物流公司。

因为国内的物流公司大多是由传统的储运公司转变过来的，还不能真正满足电子商务的物流需求，因此，国外企业借助于其在国外开展电子商务的先进经验在中国开展物流业务。由于国内电子商务物流的不足，今后将会有一批为电子商务服务的物流公司以这种方式出现。而对于国内的企业来说，采取这种方式投资时应十分慎重，因为电子商务的信息业务与物流业务是截然不同的两种业务，企业必须对跨行业经营产生的风险进行严格的评估，新组建的物流公司必须按照物流的要求来运作才有可能成功。在电子商务发展的初期和物流、配送体系还不完善的情况下，不要把电子商务的物流服务水平定得太高。另外，可以多花一些精力来寻找、培养和扶持物流服务供应商，让专业物流服务商为电子商务提供物流服务。

（2）外包给专业物流公司。

将物流外包（Outsourcing）给第三方物流公司（Third Party Logistics Service Provider）是跨国公司管理物流的通行做法。按照供应链的理论，将不是自己核心业务的业务外包给从事该业务的专业公司去做，这样从原材料供应到生产、再到产品的销售等各个环节的各种职能，都是由在某一领域具有专长或核心竞争力的专业公司互相协调和配合来完成，由此所形成的供应链具有最大的竞争力。因此，著名的计算机经销商 Compaq 和 Dell 分别将物流外包给 Exel 和 FedEx。而著名的网上书城 Amazon 采取的做法则是在美国国内的电子商务物流业务由自己承担，但对于美国市场以外的业务则外包给 UPS 等专业物流公司，在中国境内的跨国公司在从事电子商务业务时，物流业务一般外包给中国当地的第三方物流服务商。

可以认为，将物流、配送业务外包给第三方是电子商务经营者组织物流的可行方案。但中国的第三方物流经营者要适应电子商务的需求变化还需要进行大量的努力，因为国内目前这一行业比较落后。发达国家的物流公司进入中国后，会为电子商务提供物流服务，这将加剧国内物流行业的竞争，但同时对促进电子商务的发展会大有好处。

（3）第三方物流企业建立电子商务系统。

区域性或全球性的第三方物流企业具有物流网络上的优势，正如上面讨论的问题一样，它们大到一定规模后，也想将其业务沿着主营业务向供应链的上游或下游延伸，向上延伸到制造业，向下延伸到销售业。例如，1999 年世界最大的快递公司美国联邦快递公司（FedEx）决定与一家专门提供 B2B 和 B2C 解决方案的 Intershop 通讯公司合作开展电子商务业务。FedEx 一直认为，该公司从事的不是快递业而是信息业，公司进军电子商务领域的理由有两个：第一，该公司已经有覆盖全球 211 个国家的物流网络；第二，公司内部已经成功地应用了信息网络，这一网络可以使消费者在全球通过互联网浏览服务器跟踪其发运包裹的状况。该公司认为，这样的信息网络和物流网络的结合完全可以为消费者提供完整的电子商务服务。像 FedEx 这样的第三方物流公司开展电子商务销售业务完全有可能利用现有的物流和信息网络资源，使两个领域的业务经营都做到专业化，实现公司资源的最大利用。但物流服务与信息服务领域不同，需要专门的经营管理技术，第三方物流公司涉足电子商务的销售和信息服务领域要慎重。

3. 基于互联网的综合物流代理系统

基于互联网的综合物流代理系统，是由一家在物流综合管理经验、人才、技术、理念上均有一定优势的企业，对电子商务交易中供求双方的所有物流活动进行全权代理的业务活动。通过利用计算机和网络通信技术,该代理系统在互联网上建立了一个多对多的虚拟市场,根据物流一体化的原则,有效地对供应链上下游企业进行管理。在我国电子商务环境下,经营综合物流代理的主要思路是低成本经营和入市原则。

在这种模式当中,主要的物流服务工作依然是委托他人处理,同时把重点放在建立自己的客户营销队伍、物流管理网络和物流信息系统上,提高自身的物流综合管理素质;实行特许代理制,将协作单位视为自己的战略伙伴,进一步可将其纳入自己的经营轨道;公司经营的核心就是综合物流代理业务的协调、组织、控制等管理工作,并且注重业务流程再造和组织创新。

基于互联网的综合物流代理系统,即通过公网建立综合物流代理的管理体系。该系统建立了一个基于互联网的电子市场。在这个虚拟市场中,主要产品是物流服务。客户(电子商务的交易双方)与物流代理商以多对多的方式进行物流服务的交易活动。物流代理商作为系统中供应链的重要一环,根据物流一体化原则,对客户、运输企业、配送中心、仓储企业等进行统一的调配管理。

在这种系统实现过程中,首先,将原有传统的物流业务过程,通过计算机和网络技术,进行业务重组,删除冗余流程,有效控制物流的流向、提高物流过程的效率、降低物流成本。其次,真正实现以顾客为中心的服务理念。包括提供个性化服务,即为客户群所提供的服务具有其他网站所不具有的特色,并能为客户所接受和喜欢,达到吸引客户的目的。最后,在设计中通过一系列的算法,对能实施物流服务的业务范围、网点布局是否与电子商务相应的要求相适应,对客户需求的反应速度、送货频率、送货可靠性、相关物流文档质量、物流费用、网点分布、管理制度、货物跟踪等方面提供完整的物流信息和完善的决策支持,并通过系统评估来判断这些服务是否能够满足客户服务的要求。

基于互联网的综合物流代理系统可以减少很多生产和流通中不必要的部门和环节,从而达到降低成本的目的;也可以减少物流企业组织仓储、运输环节的成本和麻烦,甩掉沉重的物流包袱,简化传统物流配送流程,方便客户使用。该系统的主要特征有以下几个方面。

(1)设计与开发的开放性和标准化。为保证各供应商产品的协同运作,同时考虑到投资者的长远利益,系统平台具有很好的开放性,并结合了相关的国际标准与工业标准。

(2)满足 B2B 电子商务中对物流管理的需求。采用 B/S 系统架构,为客户提供基于互联网方式的网上下单、货物状态查询等全面的物流服务。

（3）决策与管理的智能化。通过第三方物流管理系统平台，企业的管理者可实时了解各部门的运行情况，调集相应数据的统计和分析报表，为决策分析提供参考依据，为业务规模的拓展奠定基础。

6.2.3 第三方物流

第三方物流是一项外包服务业务，最早起源于欧洲，至今已有几百年历史。而第三方物流的真正启动则是在近二十年，直接原因是全球经济一体化及专业化分工使得发达国家的许多企业意识到自营物流成本太高，而选择社会化物流，则可在他人的规模经营、标准化作业下，降低自身成本，改善服务质量。

1. 第三方物流的定义

第三方物流（Third Party Logistics，TPL）是指由供方与需方以外的物流企业提供物流服务的业务模式。第三方就是指提供物流交易双方的部分或全部物流功能的外部服务提供者。从某种意义上说，它是物流专业化的一种形式。

2. 第三方物流的特征

（1）第三方物流是建立在现代电子信息技术基础上的。信息技术的发展是第三方物流出现的必要条件。信息技术实现了数据的快速、准确传递，提高了仓库管理、装卸运输、采购、订货、配送发运、订单处理的自动化水平，使订货、包装、保管、运输、流通加工实现一体化，企业可以更方便地使用信息技术与物流企业进行交流和协作，企业间的协调和合作有可能在短时间内迅速完成；同时，电脑软件的迅速发展，使混杂在其他业务中的物流活动的成本能被精确地计算出来，还能有效地管理物流渠道中的商流，这就使企业有可能把原来在内部完成的作业交由物流公司运作。常用于支撑第三方物流的主要技术有：实现信息快速交换的 EDI 技术、实现资金快速支付的 EFT 技术、实现信息快速输入的条形码技术和实现网上交易的电子商务技术等。

（2）第三方物流是合同导向的一系列服务。第三方物流有别于传统的外协，外协只限于一项或一系列分散的物流功能，如运输公司提供运输服务、仓储公司提供仓储，第三方物流则根据合同条款规定的要求，而不是临时要求，提供多功能、甚至全方位的物流服务。

（3）第三方物流是专业化、个性化物流服务。第三方物流服务的对象一般较少，只有一家或数家服务时间较长，往往长达几年，异于公共物流服务——"往来都是客"。由于熟悉市场运作，有专门的物流设施和信息手段，又有专业人才，因此第三方物流是专业化的物流机构。又因为需求方的业务流程各不一样，而物流、信息流是随价值流动的，因而要求第三方物流服务按照客户的业务流程来定制，这也表明物流服务理论从"产品推销"发展到了"市场营销"阶段。个性化的物流服务在一定程度上反映了个性化营销的物流需要。

（4）第三方物流配送灵活性强。第三方物流配送是用合同方式建立起物流服务者与用户的关系，因此，使用起来非常灵活。公司仅需向第三方支付服务费用，而不需要自己内部维持物流基础设施来满足这些需求。尤其对于那些业务量呈现季节性变化的公司来讲，外包物流对公司赢利的影响就更为明显。

3．物流一体化

随着市场竞争的不断加剧和深化，企业建立竞争优势的关键已由节约原材料的"第一利润源泉"、提高劳动生产率的"第二利润源泉"，转向建立高效的物流系统的"第三利润源泉"。20 世纪 80 年代，西方发达国家（如美国、法国和德国等）就提出了物流一体化的现代理论，在应用和指导其物流发展中取得了明显的效果，使它们的生产商、供应商和销售商均获得了显著的经济效益。美国十几年的经济繁荣期与该国重视物流一体化的理论研究与实践、加强供应链管理、提高社会生产的物流效率和物流水平是分不开的。亚太物流联盟主席指出：物流一体化就是利用物流管理，使产品在有效的供应链内迅速移动，使参与各方的企业都能获益，使整个社会获得明显的经济效益。

所谓物流一体化，就是以物流系统为核心的经由生产企业、物流企业、销售企业，直至消费者的供应链的整体化和系统化。它是物流业发展的高级和成熟的阶段。物流业高度发达，物流系统完善，使物流业成为社会生产链条的领导者和协调者，能够为社会提供全方位的物流服务。物流一体化是物流产业化的发展形式，它必须以第三方物流充分发展和完善为基础。物流一体化的实质是一个物流管理的问题，即专业化物流管理人员和技术人员充分利用专业化物流设备和设施，发挥专业化物流运作的管理经验，以求取得整体最佳的效果。同时，物流一体化的趋势为第三方物流提供了良好的发展环境和巨大的市场需求。随着物流业的高度发达，物流系统日趋完善，物流一体化已成为为社会提供物流服务的主流方向。

6.2.4 企业自营物流

企业自身经营物流，称为自营物流。一般来说，企业自身组织物流，自己掌握经营的重要环节，有利于控制交易时间，更好地在市场中竞争，更全面地了解其所属市场的情况与特点，保证企业的运作质量。从企业竞争战术的角度来考虑，物流系统最重要的决策变量有两个：一是看能否提高企业运营效率；二是看能否降低企业运营成本。前提是社会物流企业的服务能否满足所要求的物流服务标准。很多跨国公司在拓展中国市场时，之所以要从本土带物流企业甚至是配套企业到我国来为其提供物流服务，主要就是因为我国的物流企业在服务理念和服务水平上无法达到客户所要求的服务标准。所以在我国也存在自营物流的合理性。

自营物流通常有两种方法：自行筹建或依托原有局部区域单一业务的物流系统加以改造，其代表分别有亚马逊（www.amazon.com）和京东商城（www.JD.com）。

1. 自营物流的优势

自营物流可以使企业对供应链有较强的控制能力，容易与其他业务环节紧密配合，即自营物流可以使企业的供应链更好地保持协调、简捷与稳定。

（1）保持协调。供应链的协调包括利益协调和管理协调。利益协调必须在供应链组织构建时将链中各企业之间的利益分配加以明确。管理协调则要求适应供应链组织结构要求的计划和控制管理以及信息技术的支持，协调物流、信息流的有效流动，降低整个供应链的运行成本，提高供应链对市场的响应速度。企业自营物流，是企业内部各个职能部门组成的网络，每个职能部门不是独立的利益个体，有共同的目标，比较容易协调。

（2）简化供应链。供应链中每一个环节都必须是价值增值的过程，非价值增值过程不仅增加了供应链管理的难度，增加了产品（服务）的成本，而且降低了供应链的柔性，影响供应链中企业的竞争实力。一个企业的物流流程相对比较简单，因此自营物流在设计供应链的组织结构时，可以根据公司的具体情况，简化供应链。

（3）组织结构稳定。供应链是一种相对稳定的组织结构形式。从供应链的组织结构来看，供应链的环节过多，信息传导中就会存在信息扭曲，造成整个供应链的波动，稳定性就差。自营物流使企业对供应链有更多的监控与管理能力，可以更容易地保持供应链的稳定。还有一个信息安全问题，很多企业都有企业内部的秘密，自营物流可以使企业保证自己的信息安全，避免内部物流与外部物流交叉过多造成企业机密的流失。

2. 自营物流的劣势

（1）投入大。企业自营物流所需的投入非常大，建成后对规模的要求很高，大规模才能降低成本，否则将会长期处于不盈利的境地。

（2）缺乏物流管理能力。一个庞大的物流体系建成之后需要管理人员具有专业化的物流管理能力，否则仅靠硬件是无法经营的。目前，我国的物流理论与物流教育严重滞后，物流师的资格认证刚开始，这都导致了我国物流人才的严重短缺。企业内部从事物流管理的人员的综合素质也不高，面对复杂多样的物流问题，经常是凭经验来解决问题，这是企业自营物流一大亟待解决的问题。

3. 企业自营物流适合的条件

（1）业务集中在企业所在城市，送货方式比较单一。由于业务范围不广，企业独立组织配送所耗费的人力不是很大，所涉及的配送设备也仅仅限于汽车以及人力车而已，如果交由其他企业处理，反而浪费时间、增加配送成本。

（2）拥有覆盖面很广的代理、分销、连锁店，而企业业务又集中在其覆盖范围内。这样的企业一般是从传统产业转型或者依然拥有传统产业经营业务的企业，如电脑生产商、家电企业等。

（3）对于一些规模比较大、资金比较雄厚、货物配送量巨大的企业来说，投入资金建立自己的配送系统以掌握物流配送的主动权也是一种战略选择。例如，京东商城斥巨资建立遍布全国大中城市的配送中心，准备将主动权牢牢地掌握在自己手中。

6.2.5 物流联盟

物流联盟是指企业在物流方面通过签署合同形成优势互补、要素双向或多向流动、相互信任、共担风险、共享收益的物流伙伴关系。一般来说，组成物流联盟的企业之间具有很强的依赖性，物流联盟的各个组成企业明确自身在整个物流联盟中的优势及担当的角色，内部的对抗和冲突减少，分工明晰，使物流商把注意力集中在提供客户指定的服务上，最终提高了企业的竞争能力和效率，满足企业跨地区、全方位物流服务的要求。

（1）物流联盟的形式。

物流战略联盟有各种各样的形式，一个极端是正式的一体化组织；另一个极端则是在组织之间形成非常松散的协作关系，不涉及所有权的转移或股权的分配。

（2）联盟时应注意的问题。

选择联盟伙伴时，要注意物流服务提供商的种类及其经营策略。多功能的服务企业其类型及其经营策略是多种多样的，故表现为市场主体也是多元化的。一般可根据企业物流服务的范围大小和物流功能的整合程度这两个标准，确定物流企业的类型。物流服务的范围主要是指业务服务区域的广度、运送方式的多样性、保管和流通加工等附加服务的广度；物流功能的整合程度是指企业自身所拥有的提供物流服务所必要的物流功能的多少，必要的物流功能是指包括基本的运输功能在内的经营管理、集配、配送、流通加工、信息、企划、战术、战略等各种功能。

6.2.6 第四方物流

第三方物流实现了物流一体化的基本目标，但只能在局部范围内提高物流效率，无法综合利用社会所有的物流资源，缺乏综合技能、集成技术、战略和全球扩展能力。为了克服这些局限性，安德森咨询公司提出了第四方物流（Fourth Party Logistics，4PL）的模式。安德森公司把第四方物流定义为"一个供应链集成商，它调集和管理组织自身的以及具有互补性的服务提供商的资源、能力和技术，以提供一个综合的供应链解决方案"。第四方物流可以通过整个供应链的影响力，提供综合的供应链解决方案，也为其客户带来比第三方物流更大的价值。

1. 第四方物流的功能

（1）供应链管理。即管理从货主到客户的整个供应链的全过程。

（2）运输一体化。即负责管理运输公司、物流公司之间在业务操作上的衔接与协调问题。

（3）供应链再造。即根据货主在供应链战略上的要求，及时改变或调整战略战术，使其保持高效率运作。

2. 第四方物流的优势

（1）提供综合性供应链解决方案。第四方物流向客户提供综合性供应链解决方案，通过供应链的参与者将供应链规划与实施同步进行，或利用独立的供应链参与者之间的合作提高规模和总量；通过业务流程再造，将客户与供应商信息和技术系统一体化，把人的因素和业务规范有机地结合起来，使整个供应链规划和业务流程能够有效地贯彻实施，使物流的集成化上升为供应链的一体化。

（2）整体功能转化。通过战略调整、流程再造、整体性改变管理和技术，使客户间的供应链运作一体化；通过改善销售和运作规划、配送管理、物资采购、客户响应以及供应链技术等，有效地适应需方多样化和复杂的需求，提高客户的满意度和忠诚度。

（3）降低物流成本。利用运作效率提高、流程增加和采购成本降低实现物流企业的低成本策略。流程一体化、供应链规划的改善和实施将使运营成本和产品销售成本降低。通过采用现代信息技术、科学的管理流程和标准化管理，使存货减少而降低成本，使物流企业的综合经济效益得到大幅度的提高。

第七章 客户关系管理

 ## 7.1 客户关系管理概述

7.1.1 客户关系管理的概念

客户关系管理（Customer Relationship Management，CRM）是一个不断加强与顾客交流，不断了解顾客需求，并不断对产品及服务进行改进和提高以满足顾客的需求的连续的过程。其内涵是企业利用信息技术（IT）和互联网技术实现对客户的整合营销，是以客户为核心的企业营销的技术实现和管理实现。客户关系管理注重的是与客户的交流，企业的经营是以客户为中心，而不是传统的以产品或以市场为中心。为方便与客户的沟通，客户关系管理可以为客户提供多种交流的渠道。其核心思想就是：客户是企业的一项重要资产，客户关怀是 CRM 的中心，客户关怀的目的是与所选客户建立长期和有效的业务关系。在与客户的每一个"接触点"上都更加接近客户、了解客户，最大限度地增加利润和利润占有率。

CRM 的核心是客户价值管理，它将客户价值分为既成价值、潜在价值和模型价值，通过一对一营销原则，满足不同价值客户的个性化需求，提高客户忠诚度和保有率，实现客户价值持续贡献，从而全面提升企业盈利能力。

总体而言，客户关系管理是以客户为中心，搜集、研究和使用各种客户信息，以便建立积极的客户关系，更好地满足客户需求，提高客户满意度和忠诚度，增加客户对企业的价值的一门艺术和科学。客户关系管理的核心内容包括以下几个方面。

(1) 以客户为中心。

以客户为中心就是指企业的经营活动都围绕客户的需求展开，通过不断提升客户的满意度和忠诚度，使企业与客户能够建立并维持良好的关系，企业甚至可以与客户进行联盟，建立更深层次的客户关系。

(2) 客户是企业发展最重要的资源之一。

随着市场竞争的加剧，企业的发展由产品导向转变为客户导向，客户已经成为企业生存和发展最重要的资源之一。因为企业利润的真正源泉是客户，而不是各项产品或服务本身。

(3) 客户的差别化管理。

不同的客户会产生不同的价值。对不同价值的客户要提供不同的产品和服务，实现差别化和个性化管理。

(4) 对客户信息资源的整合与共享。

客户关系管理的本质是对在与客户互动中产生的各类信息进行汇总、编码与管理，挖掘客户需求并对客户分类进行批处理，以对有价值的客户提供更个性化的服务。随着客户关系管理理论的发展，对客户信息和知识的管理进一步受到重视，集中体现在 CRM 系统对客户信息和知识强大的收集、传递、挖掘和共享等功能上。

(5) 对业务流程再造，降低企业成本。

业务流程是指企业输入资源，以客户需求为起点，到企业创造出客户满意的产品或服务的一系列活动。通过业务流程再造可以减少各种不必要的环节，极大地提高企业与客户沟通、交流和交易的速度和效果，节约时间与成本。

7.1.2 客户关系管理的内涵

自从有了商务活动以来，客户关系就一直是商务活动中的一个核心问题。计算机技术的飞速发展，提供了运用现代信息技术、网络技术实现客户关系管理的现实可能性；于是客户关系管理理念获得了飞速的发展，客户资源已经成为企业的一种战略资源，而研究客户关系管理和客户关系开发的战略也已经成为现代企业经营中的一个重要内容。

1. 客户关系管理是一种新型的管理理念

客户关系管理是通过计算机管理企业与客户之间的关系以实现客户价值最大

化的方法。其核心思想是将客户（包括最终客户、分销商和合作伙伴）作为最重要的企业资源，通过深入的客户分析和完善的客户服务来满足客户需要，建立稳定、庞大的客户资源群体，通过进一步提升客户资源价值量来实现企业最佳经济效益。

传统的客户关系管理的特点是客户信息的分散性、片面性和私有性。企业的很多资源往往成为业务员的私人财产。因此，企业中任何一个部门都很难得到客户的完整信息。这不仅浪费了相当多极其宝贵的客户资源，失去了很多商业机会，而且一旦这个业务员离开企业，就会带走相当一部分客户，使企业遭受不应有的经济损失。

互联网的出现和大规模的应用，不仅使得以客户为中心的、新的客户关系管理模式的建立成为可能，而且改变了传统的商业运作中接触客户的方式、销售产品的方式和服务客户的方式，使企业的管理模式开始了从以产品为中心向以客户为中心的重大转变。正是客户关系管理这一概念的出现才衍生出客户服务、客户反应速度和客户价值挖掘等崭新的管理内涵。所以说客户关系管理是企业管理职能的深化和扩展。在营销实践中，从订单管理到客户管理是一大进步；从客户管理到客户关系管理又是一次提升。

2. 客户关系管理是对企业与客户发生的各种关系进行全面管理

企业与客户之间发生的关系，不仅包括单纯的销售过程中所发生的业务关系，如合同签订、订单处理、发货和收款等；还包括在企业营销及售后服务过程中发生的关系，如在企业市场活动、市场推广过程中与潜在客户发生的关系，在与目标客户接触的过程中，内部销售人员的行为、各项活动及其与客户接触全过程所发生的多对多的关系，还包括售后服务过程中，企业服务人员对客户提供关怀活动、各种服务活动、服务内容、服务效果的记录等，这也是企业与客户的售后服务关系。对企业与客户间可能发生的各种关系进行全面管理，将会显著提升企业的营销能力、降低营销成本、控制营销过程中可能导致客户不满的各种行为，这是客户关系管理的另一个重要管理思想。

3. 客户关系管理是企业供应链管理的进一步延伸

20世纪90年代提出的 ERP（Enterprise Resource Planning，企业资源计划）系统，原来是为了满足企业的供应链管理需求，但 ERP 系统的实际应用并没有达到企业供应链管理的目标，这既有 ERP 系统本身功能方面的局限性，也有技术发展阶段的局限性，最终 ERP 系统又退回到帮助企业实现内部资金流、物流与信息流一体化管理的系统。CRM 技术作为 ERP 系统中销售管理的延伸，借助互联网络技术，突破了供应链上企业间的地域边界和不同企业之间的信息交流的组织边界，建立起企业自己的 B2B 网络营销模式，将客户、经销商与企业销售全部整合到一起，实现企业对客户个性化需求的快速响应。同时帮助企业清除了营销体系中的中间环节，通过新的扁平化营销体系，缩短响应时间，降低销售成本。

实施客户关系管理系统要注意把握以下几个原则。

（1）全面实施的原则。

企业必须将客户关系管理视作一个贯穿企业的流程，所有部门都可以接触并共享信息，共同优化客户的关系生命周期。客户关系管理可以用来支持其他相关活动，如管理营销人员、评价服务水平、市场细分、管理产品生命周期和新产品开发等。无论是间接还是直接的方式，企业所有的部门和员工都将对企业向客户提供的服务产生影响。因此，客户关系管理必须贯穿整个企业。

（2）满足客户需求的原则。

客户的很多需求和愿望都可以通过与企业进行的交易或其他联系反映出来。客户关系管理必须随时关注如何了解客户的需求，进而满足客户的需求，即在企业内部建立一种以客户为中心的文化。

（3）应用先进技术的原则。

成功实施客户关系管理需要拥有能够确保获得、储存以及检索高质量信息的技术。客户关系管理利用分析模型与流程对大量数据进行挖掘，以发现客户潜在的需求，从而为客户开发更好的解决方案。

（4）确保数据准确及时的原则。

要想分析结果准确，获得的数据就必须准确和全面。由于数据来源于企业的各个部门，部分数据甚至需要人工录入，因此，必须通过适当的制度保障，确保数据的准确和及时。

（5）确保沟通渠道畅通的原则。

企业与客户之间需要多种潜在的沟通渠道。要想成功实施客户关系管理，必须对这些渠道进行整合管理，以确保企业向客户发出的信息前后一致。

7.1.3 客户关系管理解决的主要问题

1. 获取信息

企业的销售、营销和客户服务部门难以获得所需的客户互动信息。

2. 信息集成

来自销售、客户服务、市场、制造、库存等部门的信息分散在企业内，这些零散的信息使得无法对客户有全面的了解，各部门难以在统一的信息的基础上面对客户。这需要各部门对面向客户的各项信息和活动进行集成，组建一个以客户为中心的企业，实现对面向客户的活动的全面管理。客户管理咨询系统可以使任何与客户打交道的员工都能全面了解客户关系、根据客户需求进行交易、了解如何对客户进行纵向和横向销售、记录自己获得的客户信息。

3. 活动监测

能够对市场活动进行规划、评估，对整个活动进行360度的透视。能够对各种销售活动进行追踪。系统用户可不受地域限制，随时访问企业的业务处理系统，获得客户信息。拥有对市场活动、销售活动的分析能力。

总结：客户关系管理能够从不同角度提供成本、利润、生产率、风险率等信息，并对客户、产品、职能部门、地理区域等进行多维分析。

7.2 客户价值分析

7.2.1 客户价值的内涵

中外学者从20世纪90年代以后开始从客户角度认识和研究客户价值，但对于客户价值究竟是什么，不同的学者有着不同的阐述。据笔者收集的资料看，国外学者对客户价值的研究主要集中在以下几个方面。

一是什么是客户价值，也就是客户价值的定义与内涵问题。西方学者从自己的研究角度出发提出了各自不同的定义，其中比较有代表性的如菲利普·科特勒、伍德鲁夫、泽瑟摩尔（Zeithaml）、古特曼（Gutman）和波特等。

二是在正确认识客户价值的基础上，企业如何为客户提供优异的客户价值。在这方面，菲利普·科特勒、波特、伍德鲁夫、车尼佛（Exander Chernev）和卡彭特（Gregory Carpenter）等人都相应地提出了自己的看法。

此外，还有一些学者试图对客户价值做定量化研究，而一些学者则对当前企业在实施客户价值工程时存在的障碍问题进行研究等。

虽然客户价值的定义繁多，但仔细研究，这些定义有以下几个突出的共同特点：第一，认为客户价值是紧密联系于产品或服务的使用，关注的是产品的使用价值（效用）和产品购买成本，体现的是产品中心论，即将消费者购买决策归因于产品本身。第二，认为客户价值是客户感知的价值，它由客户决定，而非企业决定。感知价值是客户权衡的结果，即客户所得与所失的一种比较。第三，认为客户价值由企业所提供。第一、三两点体现的是企业视角的客户价值观点，第二点则是一种无法量化和把握的概念。这给企业实施基于客户价值的发展战略造成了困难，这也是西方客户价值研究的一个缺陷，究其原因主要是企业视角的客户价值识别偏离了客户价值本质。

因此，客户价值应包括三个方面：一是客户对企业的价值，也就是客户对企业的意义、重要性、必要性，即客户价值效应。二是企业传递给客户的价值，也就是企业为客户选择、创造、提供的价值，即客户价值传递。三是客户对价值的看法，也就是在客户看来有什么意义，是否重要、是否必要，即客户价值期望。企业要生存发展，必须追求自己的组织效率，因此，首先必须认清客户价值对企业的意义，其次要了解客户需要什么、客户眼中的价值是什么，然后集合自己的资源在对企业有意义的前提下把客户需要的价值传递给他们。客户价值不是一个静态的概念，而是一个动态的系统工程，是现代企业经营的本质所在。

沃顿学院的一项最新研究表明，只要每年的客户流失率能降低5%～10%，公司的利润便可以增加25%～75%。德鲁克说："营销真正意义在于了解对顾客来说，什么是有价值的。"客户价值还存在很大的分歧，体现在对客户价值的流向、方向性和所有者认定等方面。归纳为两种：一是客户价值的方向是"企业—客户"，即企业为客户创造价值，其受益者和所有者是客户，称为客户价值。代表人物有伍德罗夫、尼尔森等。二是客户价值的方向是"客户—企业"，即企业为企业创造了价值，其受益者和所有者是企业，称为客户终身价值。代表人物是罗杰·卡特怀特。

1. 客户价值的发展

（1）劳特朋4C理论（客户满意理论）。

"以客户为中心"，包含顾客（Customer）、成本（Cost）、便利（Convenience）、沟通（Communication）四个部分，是对4P营销理论产品（Product）、价格（Price）、渠道（Place）、促销（Promotion）的一种改进。

顾客（Customer）主要指顾客的需求。企业必须首先了解和研究顾客，根据顾客的需求来提供产品。同时，企业提供的不仅仅是产品和服务，更重要的是由此产生的客户价值。

成本（Cost）不单是企业的生产成本，或者说 4P 中的 Price（价格），还包括顾客的购买成本，同时也意味着产品定价的理想情况，应该是既低于顾客的心理价格，也能够让企业有所盈利。此外，这中间的顾客购买成本不仅包括其货币支出，还包括其为此耗费的时间、体力和精力消耗以及购买风险。

便利（Convenience）即所谓为顾客提供最大的购物和使用便利。4C 营销理论强调企业在制定分销策略时，要更多地考虑顾客的方便，而不是企业自己的方便。要通过好的售前、售中和售后服务来让顾客在购物的同时也享受到了便利。便利是客户价值不可或缺的一部分。

沟通（Communication）则被用以取代 4P 中对应的 Promotion（促销）。4C 营销理论认为，企业应通过同顾客进行积极有效的双向沟通，建立基于共同利益的新型企业/顾客关系。这不再是企业单向的促销和劝导顾客，而是在双方的沟通中找到能同时实现各自目标的通途。

（2）泽瑟摩尔的可感知价值（CPV）理论。

客户所能感知到的利得与其在获取产品或服务中所付出的成本进行权衡后对产品或服务效用的整体评价。该理论贡献在于提出了研究客户价值的两个重要因素：一是客户对所获取的价值的感知，二是客户对所付出成本的感知。但没有明确分析因素的具体内容、如何权衡等问题。

（3）科特勒的让渡价值理论。

顾客让渡价值（CDV），指顾客总价值与总成本之间的差额（CDV=TCV－TCC）。顾客总价值（TCV），指顾客购买某一产品与服务所期望获得的一组利益。顾客总成本（TCC），指顾客为购买某一产品所耗费的时间、精神、体力以及所支付的货币资金等。

（4）格隆罗斯的顾客价值过程理论。

格隆罗斯从关系营销的角度阐述顾客价值，他认为价值过程是关系营销的起点和结果，将顾客感知价值定义为顾客根据付出什么和得到了什么的感知而对产品的效用做出的评价，这种看法没有考虑关系问题，实际上关系本身对总的感知价值可能有重要的影响。主要表现为：顾客感知价值（CPV）＝（核心产品＋附加服务）/（价格＋关系成本）。

2. 客户价值与客户关系价值的定义及区别

客户价值的内涵表现为：

一方面，企业在充分考虑了客户的期望价值之后，通过其所提供的产品和服务，使客户获得自己期望的让渡价值，并产生满意感，形成重复购买意向和行为，并且相信只有该企业能够为自己提供最高让渡价值，而不受竞争者的诱惑，从而对该企业提供的价值产生忠诚。

另一方面，企业不仅从客户那里获得一次性交易的利润，而且在与客户保持的长期关系中获得更多的利润，如忠诚客户向他人推荐的口碑利润，因转移成本降低而带来的利润以及客户终身价值等。因此，客户价值是从客户角度出发，客户价值就是顾客让渡价值，指客户总价值与总成本之间的差额。客户关系价值是企业发展培养和维持与特定关系而能在关系生命周期内给企业带来的价值。对于企业价值的获取来说，并非所有客户都是平等的，不同的客户具有不同的关系价值。

7.2.2 客户满意和客户忠诚

1. 客户满意与客户满意度

客户满意是20世纪80年代中后期出现的一种经营理念，其基本内容是：企业的整个经营活动要以客户满意度为指针，要从客户的角度、用客户的观点而不是企业自身的利益和观点来分析客户的需求，尽可能全面地尊重和维护客户的利益。

菲利普·科特勒认为，顾客满意"是指一个人通过对一个产品的可感知效果与他的期望值相比较后，所形成的愉悦或失望的感觉状态"。亨利阿塞尔也认为，当商品的实际消费效果达到消费者的预期时，就导致了满意；否则，会导致顾客不满意。

从上面的定义可以看出，满意水平是可感知效果和期望值之间的差异函数。如果效果低于期望，顾客就会不满意；如果可感知效果与期望相匹配，顾客就满意；如果可感知效果超过期望，顾客就会高度满意、高兴或欣喜。

一般而言，顾客满意是顾客对企业和员工提供的产品和服务的直接性综合评价，是顾客对企业、产品、服务和员工的认可。顾客根据自己的价值判断来评价产品和服务，因此，菲利普·科特勒（Philip Kotler）认为，"满意是一种人的感觉状态的水平，它来源于对一件产品所设想的绩效或产出与人们的期望所进行的比较"。从企业的角度来说，顾客服务的目标并不仅仅止于使顾客满意，使顾客感到满意只是营销管理的第一步。美国维特化学品公司总裁威廉姆·泰勒认为："我们的兴趣不仅仅在于让顾客获得满意感，我们要挖掘那些被顾客认为能增进我们之间关系的有价值的东西。"在企业与顾客建立长期的伙伴关系的过程中，企业向顾客提供超过其期望的"顾客价值",使顾客在每一次的购买过程和购后体验中都能获得满意。每一次的满意都会增强顾客对企业的信任,从而使企业获得长期的盈利与发展。

对于企业来说,如果对企业的产品和服务感到满意,顾客也会将其消费感受通过口碑传播给其他的顾客,扩大产品的知名度,提高企业的形象,为企业的长远发展不断地注入新的动力。但现实的问题是,企业往往将顾客满意等于信任,甚至是"顾客忠诚"。事实上,顾客满意只是顾客信任的前提,顾客信任才是结果;顾客满意是对某一产品、某项服务的肯定评价,即使顾客对某企业满意也只是基于他所接受的产品和服务令其满意。如果某一次的产品和服务不完善,他对该企业也就不满意了,也就是说,它是一个感性评价指标。顾客信任是顾客对该品牌产品以及拥有该品牌企业的信任感,他可以理性地面对品牌企业的成功与不利。美国贝恩公司的调查显示,在声称对产品和企业满意甚至十分满意的顾客中,有65%~85%的顾客会转向其他产品,只有30%~40%的顾客会再次购买相同的产品或相同产品的同一型号。

客户满意度是指客户对企业以及企业产品/服务的满意程度。客户满意度也是客户对企业的一种感受状态,并且在这种感受状态下更容易激发交易行为的发生。一个常用的统计结果是:一个满意的客户要6倍于一个不满意的客户更愿意继续购买那个企业的产品或服务。

在竞争日趋激烈、客户导向的市场环境中,越来越多的公司开始追逐客户满意度的提升。但是,很多企业追逐的效果并不尽如人意。企业如果只是追求客户满意度往往并不能解决最终的问题,因为很多时候,企业的客户满意度提高了,并不意味着企业的利润就立即获得改善。只有为公司贡献"利润"的客户才是直接的价值客户。而且价值客户对企业的利润贡献亦有高低之分。因此,企业应该对稀缺的经营资源进行优化配置,集中力量提升高价值客户的满意度;与此同时,也应该关注一下潜在的高价值客户,渐进式提高他们的满意度。从全部客户满意,到价值客户满意,再到高价值客户满意,最后到高价值客户关键因素满意,这是企业提升"客户满意度价值回报"的"流程"。

2. 客户忠诚与客户忠诚度

客户忠诚是从客户满意概念中引出的概念,是指客户满意后而产生的对某种产品品牌或公司的信赖、维护和希望重复购买的一种心理倾向。客户忠诚实际上是一种客户行为的持续性。客户忠诚表现为两种形式:一种是客户忠诚于企业的意愿;一种是客户忠诚于企业的行为。而一般的企业往往容易将两种形式混淆起来，其实这两者具有本质的区别，前者对于企业来说本身并不产生直接的价值，而后者则对企业来说非常具有价值。道理很简单，客户只有意愿，却没有行动，对于企业来说没有意义。企业要做的是，推动客户从"意愿"向"行为"转化，通过交叉销售和追加销售等途径进一步提升客户与企业的交易频度。

客户忠诚度指顾客忠诚的程度，是一个量化概念。客户忠诚度是指由于质量、价格、服务等诸多因素的影响，使客户对某一企业的产品或服务产生感情，形成偏爱并长期重复购买该企业产品或服务的程度。

随着市场竞争的日益加剧，客户忠诚已成为影响企业长期利润高低的决定性因素。以客户忠诚为标志的市场份额，比以客户多少来衡量的市场份额更有意义，企业管理者将营销管理的重点转向提高客户忠诚度方面，以使企业在激烈的竞争中获得关键性的竞争优势。

（1）客户忠诚使企业获得更高的长期盈利能力。

① 客户忠诚有利于企业巩固现有市场，高客户忠诚的企业对竞争对手来说意味着较高的进入壁垒，同时要吸引原有客户，竞争对手必须投入大量的资金，这种努力通常要经历一个延续阶段，并且伴有特殊风险。这往往会使竞争对手望而却步，从而有效地保护了现有市场。

② 客户忠诚有利于降低营销成本。对待忠诚客户，企业只需经常关心老客户的利益与需求，在售后服务等环节上做得更加出色就可留住忠诚客户，既无须投入巨大的初始成本，又可节约大量的交易成本和沟通成本，同时忠诚客户的口碑效应带来高效的、低成本的营销效果。

（2）客户忠诚使企业在竞争中得到更好的保护。

① 客户不会立即选择新服务。客户之所以忠诚一个企业，不仅因为该企业能提供客户所需要的产品，更重要的是企业能通过优质服务为客户提供更多的附加价值。

② 客户不会很快转向低价格产品，正如忠诚客户愿意额外付出一样，他们同样不大可能仅仅因为低价格的诱惑而转向新的企业。不过，当价格相差很大时，客户也不会永远保持对企业的忠诚。

（3）客户满意度与客户忠诚度关系客户满意度不等于客户的忠诚度，客户满意度是一种心理的满足，是客户在消费后所表露出的态度；但客户的忠诚是一种持续交易的行为，是为促进客户重复购买的发生。衡量客户忠诚的主要指标是客户保持度，即描述企业和客户关系维系时间长度的量；客户占有率，即客户将预算花费在该公司的比率。有资料表明，仅仅有客户的满意还不够，当出现更好的产品供应商时，大客户可能会更换供应商。

满意度衡量的是客户的期望和感受，而忠诚度反映客户未来的购买行动和购买承诺。客户满意度调查反映了客户对过去购买经历的意见和想法，只能反映过去的行为，不能作为未来行为的可靠预测。忠诚度调查却可以预测客户最想买什么产品，什么时候买，这些购买可以产生多少销售收入。

客户的满意度和其实际购买行为之间不一定有直接的联系，满意的客户不一定能保证他们始终会对企业忠实，产生重复购买的行为。在一本《客户满意一钱不值，客户忠诚至尊无价》的有关"客户忠诚"的畅销书中，作者辩言："客户满意一钱不值，因为满意的客户仍然购买其他企业的产品。对交易过程的每个环节都十分满意的客户也会因为一个更好的价格更换供应商，而有时尽管客户对你的产品和服务不是绝对的满意，你却能一直锁定这个客户。"

例如，许多用户对微软的产品有这样那样的意见和不满，但是如果改换使用其他产品要付出很大的成本，他们也会始终坚持使用微软的产品。最近的一个调查发现，大约25%的手机用户为了保留他们的电话号码，会容忍当前签约供应商不完善的服务而不会转签别的电信供应商，但如果有一天，他们在转约的同时可以保留原来的号码，相信他们一定会马上行动。

不可否认，顾客满意度是导致重复购买最重要的因素，当满意度达到某一高度，会引起忠诚度的大幅提高。顾客忠诚度的获得必须有一个最低的顾客满意水平，在这个满意度水平线下，忠诚度将明显下降。但是，顾客满意度绝对不是顾客忠诚的重要条件。

7.2.3 客户细分和客户服务

（一）客户细分

1. 客户细分的内涵

客户细分是20世纪50年代中期由美国学者温德尔·史密斯提出的，是指企业在明确的战略业务模式和特定的市场中，根据客户的属性、行为、需求、偏好以及价值等因素对客户进行分类，并提供有针对性的产品、服务和销售模式。其理论依据主要有以下两点。

（1）顾客需求的异质性。并不是所有顾客的需求都相同，只要存在两个以上的顾客，需求就会不同。由于顾客需求、欲望及购买行为是多元的，所以顾客需求满足呈现差异。

（2）企业有限的资源和有效的市场竞争。任何一个企业不能单凭自己的人力、财力和物力来满足整个市场的所有需求，这不仅缘于企业自身条件的限制，而且从经济效应方面来看也是不足取的。因为，企业应该分辨出它能有效为之服务的最具有吸引力的细分市场，集中企业资源，制定科学的竞争策略，以取得和增强竞争优势。

客户细分理论的原理是：每类产品的顾客群不是一个群体，因此应根据顾客群的文化观念、消费收入、消费习俗、生活方式的不同细分新的类别，企业根据消费者的不同制定品牌推广战略和营销策略，将资源针对目标顾客集中使用。

2. 客户细分类别

客户细分包括：确定应该收集的数据以及收集这些数据的方法，将通常保存在分立信息系统中的数据整合在一起，开发统计算法或模型，分析数据，将分析结果作为对客户细分的基础，建立协作关系，使营销和客户服务部门能够与IT经理合作，保证所有人都能明确细分的目的，以及完成细分的技术要求和限制实施强有力的网络基础设施，以汇聚、保存、处理和分发数据分析结果。虽然高级数据库、营销自动化工具和细分模型对客户细分工作很重要，但各公司还必须拥有精通客户细分的人才，这样才能准确分析模型，最终制定出有效的营销和服务战略。

3. 客户细分条件

以客户使用的便利性为圆心，尊重客户的感受。从客户需求的角度来看，不同类型的客户需求是不同的，想让不同的客户对同一企业都感到满意，就要求企业提供有针对性的符合客户需求的产品和服务，而为了满足这种多样化的异质性的需求，就需要对客户群体按照不同的标准进行客户细分。

4. 客户细分的目的

从客户需求的角度来看，不同类型的客户需求是不同的，想让不同的客户对同一企业都感到满意，就要求企业提供有针对性的、符合客户需求的产品和服务，而为了满足这种多样化的异质性的需求，就需要对客户群体按照不同的标准进行客户细分。

从客户价值的方面来看，不同的客户能够为企业提供的价值是不同的，企业要想知道哪些是企业最有价值的客户，哪些是企业的忠诚客户，哪些是企业的潜在客户，哪些客户的成长性最好，哪些客户最容易流失，就必须对自己的客户进行细分。

从企业的资源和能力的角度来看，如何对不同的客户进行有限资源的优化应用是每个企业都必须考虑的，所以在对客户管理时非常有必要对客户进行统计、分析和细分。只有这样，企业才能根据客户的不同特点进行有针对性的营销，赢得、扩大和保持高价值的客户群，吸引和培养潜力较大的客户群。客户细分能使企业所拥有的高价值的客户资源显性化，并能够就相应的客户关系对企业未来盈利的影响进行量化分析，为企业决策提供依据。

5. 客户细分的方法

（1）根据人口特征和购买历史细分。在消费者研究中，一般通过人口特征和购买历史的调研可以找到顾客忠诚的蛛丝马迹。一般而言，通过别人推荐而购买的顾客比因广告影响而购买的人要更忠诚；以标准价格购买的顾客比以促销价格购买的人更忠诚；有家的人、中年人和乡村人口更忠诚，高流动人口忠诚度低。找到了目标消费群就可以知道企业要把价值给谁及到底要给什么价值。例如，美国 USAA 保险公司的顾客保留率达 98%，简直高得不可想象，因为该公司有一个稳定的顾客群——军官。虽然军官保险的利润不是很高，但由于公司满足了这一群体的特定需求，使得顾客保留率很高，维持的成本很低，公司的利润也就很可观。

（2）根据顾客对企业的价值细分。我们有必要根据顾客对企业的价值来细分顾客。衡量顾客对企业的价值可以有很多方法，计算顾客的终身价值是一个切实可行的方法。所谓顾客终身价值是指顾客作为企业顾客的周期内为企业的利润的贡献的折现总和。影响顾客终身价值的最重要的两个因素是计算周期和贴现率。一般而言，在贴现率不变的情况下，顾客成为企业顾客的周期越长，则纳入计算的顾客价值就越多，顾客的终身价值就越大；计算周期一定的情况下，贴现率越高，未来的收益就越不值钱，则顾客终身价值就越小。

（二）客户服务

1. 客户服务的内涵

客户服务是指一种以客户为导向的价值观，它整合及管理在预先设定的最优成本——服务组合中的客户界面的所有要素。广义而言，任何能提高客户满意度的内容都属于客户服务的范围之内。客户服务是工商业作为竞争优势的增值工具。

2. 客户服务的基本分类

客服的基本分为人工客服和电子客服，其中又可细分为文字客服、视频客服和语音客服三类。文字客服主要以打字聊天的形式进行客户服务；视频客服主要以语音视频的形式进行客户服务；语音客服主要以移动电话的形式进行客服服务。

基于腾讯微信的迅猛发展，微信客服作为一种全新的客户服务方式，出现在客服市场上。微信客服依托于微信精湛的技术条件，综合了文字客服、视频客服和语音客服的全部功能，具有无可比拟的优势，因此备受市场好评。

3. 客户服务的商业分类

客户服务在商业实践中一般会分为三类，即售前服务、售中服务、售后服务。售前服务一般是指企业在销售产品之前为顾客提供的一系列活动，如市场调查、产品设计、提供使用说明书、提供咨询服务等。售中服务则是指在产品交易过程中销售者向购买者提供的服务，如接待服务、商品包装服务等。售后服务是指商品售出后凡与所销售产品有连带关系的服务。

4. 客户服务的基本要求

一名合格的客服人员应具备严谨的工作作风、热情的服务态度、熟练的业务知识、积极的学习态度，必要时耐心地向客户解释，虚心地听取客户的意见。

（1）热情的服务态度

客服人员只有热爱客户服务这门事业，才能全身心地投入工作，所以热情的服务态度是一名合格的客服人员的先决条件。

（2）熟练的业务知识。

客服人员应该具备熟练的业务知识，不断努力学习。只有熟练掌握了各方面的业务知识，才能准确无误地为用户提供业务查询、业务办理及投诉建议等各项服务，让客户在满意中得到更好的服务。

（3）耐心解答问题。

在工作过程中，应保持热情诚恳的工作态度，在做好解释工作的同时，要语气缓和、不骄不躁，如遇到客户不懂或很难解释的问题时，要保持耐心，一遍不行再来一遍，直到客户满意为止，始终信守"把微笑融入声音，把真诚带给客户"的诺言。这样，才能更好地让自己不断进取。

（4）合理沟通协调。

沟通能力，特别是有效的沟通能力是客服工作人员的一个基本素质。客户服务是跟客户打交道的工作，倾听客户、了解客户、启发客户、引导客户，都是和客户交流时的基本功，只有了解了客户需要什么样的服务和帮助，客户的抱怨和不满在什么地方，才能找出存在的问题，对症下药，解决客户问题。

7.2.4 关系营销理论

所谓关系营销（也称作"关系营销学"）是指在营销过程中，企业还要与消费者、竞争者、分销商、供应商、政府机构和公众等发生交互作用的营销过程，它的结构包括外部消费者市场、内在市场、竞争者市场、分销商市场等，核心是和自己有直接或间接营销关系的个人或集体保持良好的关系。

关系营销是从"大市场营销"概念衍生、发展而来的。1984年，科特勒提出了所谓的"大市场营销"概念，目的在于解决国际市场的进入壁垒问题。在传统的市场营销理论中，企业外部环境是被当作"不可因素"来对待的，其暗含的假设是，当企业在国际市场营销中面临各种贸易壁垒和舆论障碍时，就只得听天由命，无所作为。因为传统的 4P 组合策略在贸易保护主义日益盛行的今天，已不足以打开封闭的市场。要打开封闭的市场，企业除了需要运用产品、价格、分销及促销四大营销策略外，还必须有效地运用政治权力和公共关系这两种营销工具。这种策略思想称为大市场营销。关系营销概念直接来自科特勒的"大市场营销"思想，它的产生和发展同时也大量得益于对其他科学理论的借鉴、对传统营销理念的拓展以及信息技术浪潮的驱动。

关系营销的实质是在市场营销中与各关系方建立长期稳定的相互依存的营销关系，以求彼此协调发展，因而必须遵循以下原则。

1. 主动沟通原则

在关系营销中，各关系方都应主动与其他关系方接触和联系，相互沟通信息，了解情况，形成制度或以合同形式定期或不定期碰头，相互交流各关系方的需求变化情况，主动为关系方服务或为关系方解决困难和问题，增强伙伴合作关系。

2. 承诺信任原则

在关系营销中，各关系方相互之间都应做出一系列书面或口头承诺，并以自己的行为履行诺言，才能赢得关系方的信任。承诺的实质是一种自信的表现，履行承诺就是将誓言变成行动，是维护和尊重关系方利益的体现，也是获得关系方信任的关键，是公司（企业）与关系方保持融洽伙伴关系的基础。

3. 互惠原则

在与关系方交往过程中必须做到相互满足关系方的经济利益，并通过在公平、公正、公开的条件下进行成熟、高质量的产品或价值交换使关系方都能得到实惠。

7.3 客户关系管理系统和呼叫中心建设

7.3.1 客户关系管理系统的分类

客户关系管理的产生和发展经历了一个漫长的过程，其类型多种多样，产品的性能也逐渐趋于成熟。客户关系管理的分类方法多种多样，本书采用按照客户关系管理的功能特点进行分类的办法，对其进行分类说明。按照目前市场上流行的功能分类方法，客户关系管理应用系统可以分为运营型客户关系管理、分析型客户关系管理、协作型客户关系管理。

1. 运营型客户关系管理系统

通过基于角色的关系管理工作平台实现员工授权和个性化，使前台交互系统和后台的订单执行系统可以无缝实时集成连接，并与所有客户交互活动同步。通过以上手段可以使相关部门的业务人员在日常的工作中共享客户资源，减少信息流动的滞留点，从而使企业作为一个统一的信息平台面对客户，大大地减少了客户在与企业的接触过程中产生的种种不协调。

2. 分析型客户关系管理系统

主要是分析运营型客户关系管理获得的各种数据，进而为企业的经营、决策提供可靠的量化的依据。分析时需要用到许多的先进的数据管理和数据分析工具，如数据仓库、OLAP 分析和数据挖掘等。

3. 协作型客户关系管理系统

更加注重各个部门之间的业务协作，能够让企业员工同客户一起完成某项活动。比如售后服务工程师通过电话来指导客户排除设备故障，因为这个活动有员工和客户共同参与，因此是协作的。协作型 CRM 目前主要有呼叫中心、客户多渠道联络中心、帮助台以及自助服务帮助、导航等。具有多媒体、多渠道整合能力的客户联络中心是协同型 CRM 的发展趋势，其作用是交换信息和服务。借助多渠道协作以及交互式语音响应（IVR）和计算机电话集成（CTI）技术，客户能够在任何时候、任何地点，通过方便的渠道了解相应的产品和服务。不仅如此，各机构还可以利用这种交互方式收集现有客户和潜在客户的信息。

7.3.2 客户关系管理软件系统

客户关系管理软件系统是一套先进的管理模式,其实施要取得成功,必须有强大的技术和工具支持,是实施客户关系管理必不可少的一套技术和工具集成支持平台。CRM 客户管理系统基于网络、通信、计算机等信息技术,能实现不同职能部门的无缝连接,能够协助管理者更好地完成客户关系管理的两项基本任务:识别和保持有价值客户。一般而言,客户关系管理系统由客户信息管理、销售过程自动化(SFA)、营销自动化(MA)、客户服务与支持(CSS)管理、客户分析(CA)系统五大主要功能模块组成。

客户关系管理软件系统一般模型如图 7.1 所示。

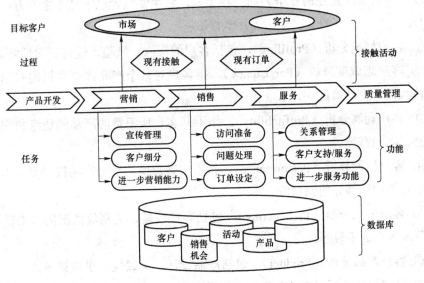

图 7.1 客户关系管理软件系统

1. 客户关系管理软件系统应用路线图

客户关系管理系统在企业的应用不是一朝一夕的事情,实施阶段只能是铺路搭桥,要想企业的营销服务快车跑起来,需要企业长期坚持。但应用路线图应该清晰地展现在眼前。

第一阶段:市场、销售、服务业务数据的积累,客户/伙伴信息整合,满足一般的查询统计需要,初步发现价值客户/伙伴,能够进行业务过程控制,初步形成部门级协同作战。

第二阶段：建立企业、部门、员工业绩的量化评价体系，建立客户/伙伴/员工价值金字塔，提高客户/伙伴/员工满意度，基本准确地进行市场销售预测，为企业生产、物流提供依据，形成区域级协同作战。

第三阶段：通过客户关系管理系统能够进行市场营销方面的决策管理，为研发体系提供市场需求，按需求开发产品、组织生产物流，建立以客户价值为核心导向的企业管理模式，形成企业级协同作战。

第四阶段：客户关系管理系统作为企业管理平台的中间层，整合客户、业务信息，向内部 ERP/PDM 系统传递，建立扩展型企业价值链，以更加强大灵活的身手投入市场。

2. 客户关系管理软件系统的主要功能

客户关系管理软件系统就是通过对客户详细资料的深入分析，来提高客户满意程度，从而提高企业的竞争力的一种手段，它主要包含以下几个主要方面（简称 7P）。

① 客户概况分析（Profiling），包括客户的层次、风险、爱好、习惯等。

② 客户忠诚度分析（Persistency），指客户对某个产品或商业机构的忠实程度、持久性、变动情况等。

③ 客户利润分析（Profitability），指不同客户所消费的产品的边缘利润、总利润额、净利润等。

④ 客户性能分析（Performance），指不同客户所消费的产品按种类、渠道、销售地点等指标划分的销售额。

⑤ 客户未来分析（Prospecting），包括客户数量、类别等情况的未来发展趋势、争取客户的手段等。

⑥ 客户产品分析（Product），包括产品设计、关联性、供应链等。

⑦ 客户促销分析（Promotion），包括广告、宣传等促销活动的管理。

3. 客户关系管理软件系统实施的价值与意义

（1）对日常业务人员的价值。

① 对于客户信息的规整与记录，与客户的经营往来，以及会商洽谈合同等的整理。

② 提供日程工作的记录统计，并节约工作时间，提高工作效率，起到流程工作的规范。

③ 可自定义设置工作时间提醒，客户信息提醒等。

④ 可根据客户信息统计进行后续的跟进工作，并分析出哪些客户有潜在商机

可能性，也能对工作进度和客户沟通洽谈状态一目了然，可以更加便捷地促成销售结果。

⑤ 可根据工作需要设置收/发邮件及短信平台自定义提醒等设置服务。

⑥ 可提示企业公告信息，个人日常办公工作流程的提交、报备、申请、审核。

（2）对企业中层管理者的价值影响。

① 能通过业务/销售人员日常的工作数据统计挖掘出最有价值的客户、区分优劣型客户。

② 可根据业务/销售人员日常的工作数据记录得出各种分析报告。

③ 对于客户构成进行各类型分析、销售漏斗分析、费用分析、优劣势分析、售后等记录统计的管理。

④ 通知系统提醒可增加企业与客户亲切度，增强客户对产品忠诚度，挖掘最有价值的客户，进行有针对性市场活动推广，带来可观的收益。

⑤ 对日常业务人员工作的工作进度记录检查，更好地进行团队管理。

⑥ 能更好地区分重点客户的工作联系记录，提醒并检查业务人员下一步的工作跟进及给予建议。

⑦ 对产品的进/销货更系统地管理，更加便捷地查询并得出库存产品的数目。

（3）对企业领导者/决策者的价值影响。

① 防止因业务工作人员的离职而给企业造成客户流失现象，避免人为所带来的损失，可清楚地通过记录了解到员工与客户的联系工作进展程度。

② 更好地加强企业内部管理，明确工作权限及工作监督。

③ 可通过各类财务报表及销售报表而分析出产品走向、销售分析区势、业务人员优劣差异、工作人员日常工作细则等。

④ 更完善可自定义客户售后服务管理，增强客户忠诚度，加进企业与客户的关系。

⑤ 更好地节约工作时间、提高工作效率、更便捷地加强内部管理系统。

⑥ 通过日常工作人员录入正确的数据，判别出未来销售形势及销售业绩分析图、销售区域的分析图等。

⑦ 系统提醒化财务方面的应收账款、已收账款、应回收的账款等。

⑧ 工作人员在外出差，也可通过 CRM 便捷查询对其工作考核，排除因地异影响而拖迟工作效率等。

综上所述，客户关系管理软件系统的实施对企业的影响是很广泛的，尤其对一家销售型企业的影响更是显而易见，也大大地提高了企业不同人群的工作效率。

使用系统化的管理，对企业有针对性地进行市场推广活动、做各种分析报告、完善内部管理等都将带来可观的效益。

7.3.3 呼叫中心

呼叫中心是充分利用现代通信与计算机技术，如 IVR（交互式语音 800 呼叫中心流程图应答系统）、ACD（自动呼叫分配系统）等，可以自动灵活地处理大量各种不同的电话呼入和呼出业务和服务的运营操作场所。呼叫中心在企业应用中已经逐渐从电话营销中心向着 CTI（计算机通信集成）综合呼叫中心转变，已经将电话、计算机、互联网等多种媒介综合应用于营销、服务等多项工作当中。

呼叫中心就是在一个相对集中的场所，由一批服务人员组成的服务机构，通常利用计算机通信技术，处理来自企业、顾客的垂询与咨询需求。以电话咨询为例，具备同时处理大量来话的能力，还具备主叫号码显示，可将来电自动分配给具备相应技能的人员处理，并能记录和储存所有来话信息。一个典型的以客户服务为主的呼叫中心可以兼具呼入与呼出功能，在处理顾客的信息查询、咨询、投诉等业务的同时，可以进行顾客回访、满意度调查等呼出业务。

呼叫中心的主要任务将影响许多重要的决定，这些决定关于呼叫中心功能、呼叫处理措施、内部或外部联络措施，以及呼叫中心结构，即集中型或分散型。

呼叫中心通常首先处理大多数客户询问或是基本种类的服务。这说明呼叫中心 80%或以上的呼叫可以得到回复，而不需要分配到公司的其他部门。通过进行足够的培训和发展技术系统，也可以处理更为复杂的询问。

呼叫中心的首要目标是提供高质量的服务令客户满意。提供高品质服务的基础是增加与客户的联系。同时也必须决定在整个组织结构安置呼叫中心的地点。这可有助于在公司各级管理结构中呼叫中心直接向行政主管汇报。这样确保了呼叫中心保持完整从而取得客户服务成果。

7.3.4 客户关系管理的数据管理与数据挖掘

数据管理是利用计算机硬件和软件技术对数据进行有效的收集、存储、处理和应用的过程。其目的在于充分有效地发挥数据的作用。实现数据有效管理的关键是数据组织。随着计算机技术的发展，数据管理经历了人工管理、文件系统、数据库系统三个发展阶段。

数据挖掘一般是指从大量的数据中通过算法搜索隐藏于其中信息的过程。数据挖掘通常与计算机科学有关，并通过统计、在线分析处理、情报检索、机器学习、专家系统（依靠过去的经验法则）和模式识别等诸多方法来实现上述目标。

数据挖掘是从大量数据中寻找其规律的技术，主要有数据准备、规律寻找和规律表示三个步骤。数据准备是从各种数据源中选取和集成用于数据挖掘的数据；规律寻找是用某种方法将数据中的规律找出来；规律表示是用尽可能符合用户习惯的方式（如可视化）将找出的规律表示出来。

数据挖掘在自身发展的过程中，吸收了数理统计、数据库和人工智能中的大量技术。数据挖掘分为描述性和预测性两类。描述性数据挖掘提供数据的一般规律；预测性数据挖掘产生关于数据的预测。

数据挖掘的主要内容有以下几种。

（1）关联分析。

寻找数据项之间感兴趣的关联关系。例如，我们可以通过对交易数据的分析得出"86%买'啤酒'的人同时也买'尿布'"这样一条"啤酒"和"尿布"之间的关联规则。

（2）演变分析。

描述时间序列数据随时间变化的规律或趋势，并对其建模，包括时间序列趋势分析、周期模式匹配等。例如，通过对交易数据的演变分析，可能会得到"89%情况股票 X 上涨一周左右后，股票 Y 会上涨"这样一条序列知识。

（3）聚类分析。

根据最大化类内的相似性、最小化类间的相似性的原则将数据对象聚类或分组，所形成的每个簇（聚类）可以看作一个数据对象类，用显式或隐式的方法描述它们。也就是我们常说的"物以类聚，人以群分"。

（4）分类分析。

找出描述并区分数据类的模型（可以是显式或隐式），以便能够使用模型预测给定数据所属的数据类。例如，信用卡公司可以将持卡人的信誉度分为良好、普通和较差三类。分类分析通过对这些数据类的分析给出一个信誉等级的显式模型："信誉良好的持卡人是年收入在 30 000 元到 50 000 元之间，年龄在 30 至 45 岁之间，居住面积达 90 平方米左右的人。"这样对于一个新的持卡人，就可以根据他的特征预测其信誉度。

（5）异常分析。

一个数据集中往往包含一些特别的数据，其行为和模式与一般的数据不同，这些数据称为"异常"。对"异常"数据的分析称为"异常分析"。它在欺诈甄别、网络入侵检测等领域有着广泛的应用。

7.3.5 客户关系管理的应用与发展

随着市场竞争的日益激烈，无论哪一个行业，企业对客户关系的重视程度都越来越高，以客户为中心的经营理念被越来越多的企业所接受。客户关系管理正是在这一理念的驱动下形成的一整套的经营策略、方法和技术。

客户关系管理借助对客户的深入理解、分析、接触和高度自动化的交互方式去发现和联系客户、开发合适的产品或服务，并且把客户感兴趣的产品和服务推销给他们，它带来的个性化服务可以使企业在一个越来越复杂的市场中合理分配优化资源、找到最佳的服务和投资方向、获得最合适的收效－风险比。CRM 正在成为企业赢得新经济时代竞争优势的关键，它对企业的影响是全方位的，改变着传统经济的结构和规律，代表着今后一定时期营销发展的方向。因此，积极主动地寻求加强和管理客户关系，与客户建立长期友好的合作关系，已成为全球企业营销优先考虑的因素。

企业开展客户关系管理，应首先从确立以客户为中心理念开始，把客户经营提升到战略层面。然后搜集客户信息并整合客户资源，为 CRM 战略实施打下基础。实施 CRM，硬件和软件的选择尤为重要。日常管理中，企业还要及时处理与客户之间的冲突，不断提高客户满意度和忠诚度，从源头遏止客户流失，并建立长效机制。

1. 确立"以客户为中心"的管理理念

客户在战略上逐渐地成为企业生存的基础，客户保留越多，企业长期利润越多，以下是权威机构研究的结果：企业提供 5%的客户保留率可以为其提升 75%的收入；吸引新客户的成本至少是保持老客户的成本的 5 倍；20%的客户创造了超过 80%的收入和 90%的利润；5%~10%的小客户感到特别满意的时候，可以立即上升成为大客户。为了实现"以客户为中心"的管理决策，需要整合公司各部门的客户资料，并进行统一管理，包括对客户基本信息、联系人信息、销售人员跟踪记录、客户状态、竞争信息、合同信息、交易信息、服务信息、反馈信息等等。通过对以上信息的分析、挖掘，提供客户的购买倾向、价值情况等多种分析结果。在市场活动过程中收集到的客户信息，应当在第一时间内在系统中有所记录和反映，然后由管理人员统一分配到销售人员，这样不仅可以有效地避免"内部抢单"的发生，而且可以确保每个和公司有初期接触的客户都会获得相应的跟踪，扩大销售漏斗的顶端，争取更高的销售业绩。

2. 利用各种渠道搜集客户信息

客户信息是客户关系管理的基础。数据仓库、商业智能、知识发现等技术的发展，使得收集、整理、加工和利用客户信息的质量大大提高。企业对客户信息的搜集可以通过广泛的渠道得以实现，这些渠道虽然不同却相互关联，如广告、销售、拜访、接待、网站、直邮、服务等。客户有成千上万个和企业接触的方法。显然，企业任何一个部门都无法控制全部的接触点，无论是营销、销售或服务部门。通过记录客户接触点的信息，形成企业精确、广泛的客户数据库——包括销售、订单、履行和客户服务的历史记录，使得企业对每一名客户的历史资料有一个详细的了解和把握，能够根据客户的不同情况选择参数量体裁衣，为客户提供他们所喜好的渠道交互方式。

3. 提升服务水平

一些权威的研究机构得出的结论表明，"把客户的满意度提高五个百分点，其结果是企业的利润增加一倍"，"2/3 的客户离开供应商是因为供应商对他们的关怀不够"。客户满意度受企业所提供的服务水平影响。企业提高服务水平应从三个方面着手：第一，重视抱怨、提高自身。在顾客选择企业的时代，顾客对企业的态度极大程度地决定着企业的兴衰成败。正是深谙此奥妙，麦当劳和 IBM 的最高主管亲自参与顾客服务，阅读顾客的抱怨信，接听并处理顾客的抱怨电话。第二，找出自身不足，修正自身行为。专家们认为，企业只有在认真分析自身长处与不足的基础上，采取积极有效的步骤修正自己的行为，才能取得经济意义较高的服务水平。这可以降低企业相对于竞争对手的营销成本，提高企业销售收入和顾客购买的市场份额。第三，让员工尊重客户的购买过程。客户的购买过程是一个在消费过程中寻求尊重的过程。客户与员工对企业经营活动的参与程度和积极性很大程度上影响着企业的服务水平。美国 Sears 对零售行业的客户满意度分析和多年的经营实践证明：高素质的、充满活力和竞争力的员工队伍比再好的硬件设施更能创造顾客满意，进而创造优异的业绩。难怪有人认为：员工就是企业的品牌。

4. 建立反馈机制

建立有效的反馈机制非常重要，企业面临的不是客户的一次性交易，而是长期性的合作。一次交易的结束正是下一次新合作的开始。事实上，客户非常希望能够把自己的感受告诉企业，友善而耐心的倾听能够极大地拉近企业和客户之间的距离。反馈机制就是建立在企业和客户之间的一个桥梁，通过这一桥梁，客户、企业双方能够更好地沟通感情，建立起相互间的朋友关系。大凡成功的企业的一个秘诀就是善于倾听客户的意见，并善于发现这些意见中有用的市场信息和用户需求，转化为新的商机。这里的反馈还应当包括对客户满意度的调查。通过调查我们会发现企业中以前和现在存在的问题有哪些，客户的评价怎么样，怎样进行改进，企业下一步的发展该怎么进行，等等。通过对客户满意度的调查有助于获得和提升客户的满意度，让客户知道为他所做的每一分努力。这样做才能够让他客户明白企业在为他们着想，从而自然而然地产生一份满意和忠诚。

所以，在每次调查中可以附上一封信说明此次调查的目的，并鼓励顾客们直接提出期望，这样做足以使企业和客户之间建立双向的交流，并使客户感到企业对他们的重视。建立客户反馈机制的方式还有很多，企业应当向客户公开自己的电话，并在企业内部设立独立的机构处理客户的反馈意见，另外还应形成制度定期派人主动接触客户，获取他们的反馈信息。在倾听了客户的意见并对他们的满意度进行了调查之后，就应当及时妥善地处理客户的抱怨，这也是赢得客户信任和忠诚的有效方法。企业应该鼓励客户抱怨和说出自己的不满，以便改正。企业也必须设有特别的机构处理这些问题。

5. 建设企业与客户关系的长效机制

随着时间的推移，建立企业与客户的长效机制便成了企业首要任务。一旦发现企业的产品或服务与客户的需求匹配，就要在合适的机会提醒客户，使客户关注企业具有的产品或服务。通过建立长效机制，企业的根本目的是，运用最低的成本、最有效的方式，尽可能多地让客户升级。对于高价值客户要强化客户关怀，最大限度地保留客户；对于一般客户通过努力促使其转化为价值客户，对于占据公司大量资源而又不能给公司创造效益的客户及时淘汰。要做到这些，首先要了解真实的客户信息，通过 360 度客户全接触，如实地记录客户信息，各部门、各接触点的信息必须完整，能够实时反映客户状况。然后对所有客户进行价值细分，细分方法有 ABC 分类法，找出最有潜力的升级客户。在此基础上确定客户升级目标，评价升级后的利润贡献。通过对客户接触信息分析，确定客户最满意、最有效的接触方式，制订客户接触计划，包含活动预算、活动方式等。最后是对客户活动、市场活动的执行，并进行实时监控以及反馈，不断提升客户利润贡献度。还有，良好的企业形象有助于客户对公司拥有信心。

第八章 电子商务法律

8.1 电子商务法律概述

8.1.1 电子商务法律带来的新问题

1. 电子合同的法律问题

电子合同问题是电子商务的一个主要法律问题。首先是面对目前世界各国并不统一的合同法规定，如何在互联网中使用电子合同与交易对手进行交易。其次是电子合同是电脑中的数据，而不再是传统的合同形式，如何认定其法律效力。因此，必须建立起一套共同遵守的商业规则，且这种规则要为各国法律所确认。

2. 电子商务的安全问题

影响电子商务发展的主要因素不是技术因素，而是安全因素。无论商务网上的物品有多么丰富，电子商务的效率有多高，如果这种交易方式缺乏足够的安全性，势必影响人们的认可和接受。英国的《数据保护法》，美国的《电子通信保密法案》以及国际商会规定的《电传交换贸易数据统一行为守则》都是针对数据通信安全的法律规范，对电子商务活动的开展具有重要的法律意义。

3. 电子商务的知识产权保护问题

电子商务不可避免地涉及知识产权问题。在网络环境下，互联网的跨时空性使得跨国性的侵权行为变成了普遍现象，已有的版权制度似乎力不从心，作者无法对自己的作品进行有效的控制。电子商务活动中涉及域名、计算机软件、版权、商标等诸多问题,这些问题单纯依靠加密等技术手段是无法加以充分有效保护的,必须建立起全面的法律框架,为权利人提供实体和程序上的双重法律保护。

4. 电子商务的税收问题

电子商务的虚拟性、多国性及无纸化特征,使得各国基于属地和属人两种原则建立起来的税收管辖权面临挑战。同时,电子商务方式对传统的纳税主体、客体、纳税环节等税收概念、理论产生巨大的冲击。因此,面对电子商务,税收法律必须进行相应的修改。

8.1.2 电子商务法的特征

1. 商法性

商法是规范商事主体和商事行为的法律规范。电子商务法规主要属于行为法,如数据电文制度、电子签名及其认证制度、电子合同制度、电子信息交易制度、电子支付制度等。但是,电子商务法也含有组织法的内容,如认证机构的设立条件、管理、责任等,就具有组织法的特点。

2. 技术性

在电子商务法中,许多法律规范都是直接或间接地由技术规范演变而成的,比如一些国家将运用公开密钥体系生成的数字签名规定为安全的电子签名,这样就将有关公开密钥的技术规范转化成了法律要求,对当事人之间的交易形式和权利义务的行使都有极其重要的影响。另外,关于网络协议的技术标准,当事人若不遵守,就不可能在开放的环境下进行电子商务交易。

3. 开放和兼容性

所谓开放性,就是电子商务要对世界各地区、各种技术网络开放。所谓兼容性,是指电子商务法应适应多种技术手段、多种传输媒介的对接与融合。只有坚持这个原则,才能实现世界网络信息资源的共享,保证各种先进技术在电子商务中的及时应用。

4. 国际性

电子商务固有的开放性、跨国性,要求全球范围内的电子商务规则应该是协调和基本一致的。电子商务应当而且可以通过多国的共同努力予以发展,通过研究有关国家的电子商务法规,笔者发现其原有规则包括建立的相关制度在很大程度上是协调一致的。联合国国际贸易法委员会的《电子商务示范法》为这种协调性奠定了基础。

8.1.3 电子商务法的立法原则

1. 功能等同原则

该原则在《示范法》《贸易法委员会国际商事仲裁示范法》第 7 条和《联合国国际货物销售合同公约》第 13 条等诸多规范中都有体现,其基本含义为电子单证、票据或其他文件与传统的纸面单证、票据或其他文件具有同等的功能时就应当肯定其法律效力并在法律上同等对待。按照贸易法委员会《电子商务示范法颁布指南》的说明,《示范法》依赖一种有时称作"功能等同法"的新方法,这种方法立足于分析传统的书面要求的目的和作用,以确定如何通过电子商务技术来达到这些目的或作用。应当注意到,关于所有上述书面文件的作用,电子记录亦可提供如同书面文件同样程度的安全。《示范法》只是挑出书面形式要求中的基本作用,以其作为标准,一旦数据电文达到这些标准,即可同起着相同作用的相应书面文件一样,享受同等程度的法律认可。《示范法》第 6~8 条内含的功能等同法是针对"书面形式""签名""原件"等概念的。我国《电子签名法》也采用了功能等同法,如该法第 4 条规定:"能够有形地表现所载内容,并可以随时调取查用的数据电文,视为符合法律、法规要求的书面形式。"

2. 媒介中立原则

该原则也被称为"媒介中性原则",是指法律对于交易是采用纸质媒介还是采用电子媒介(或其他媒介)都应一视同仁,不因交易采用的媒介不同而区别对待或赋予不同的法律效力。按照《电子商务示范法颁布指南》的解释,《示范法》采用的方法是,原则上规定它适用于任何手段生成、储存或传递信息的各种实际情况。如限制《示范法》的适用范围,将任何一种形式或手段排除在外,就会造成实际困难,违背真正"不注重任何手段"的规则的宗旨。然而,《示范法》注重的是"无纸"通信手段,除非《示范法》有明文规定,它无意改变有关用纸张进行传递的传统规则。在起草 UECIC 草案的过程中,工作组也认为,本着不偏重任何媒介的原则,对网上交易采用的办法不应有别于对纸面环境中同等情形所采用的办法。

媒介中立原则是与功能等同原则相联系的原则。有观点认为这两个原则是相同的,即"对于基于纸质文件所进行的交易与基于电子通信方式所进行的交易应该平等对待,不应该对其中一个给予优势而歧视另一个"。但也有观点认为,功能相等原则不仅仅是限于媒介上的区别而采纳的原则,该原则贯穿在电子商务立法中的整个方面，包括合同的形式，签名的方式和技术以及文件的完整性和认证性等等。"功能相等"是整个概念的核心，是解决问题的出发点。本书基本上赞同后一观点，但同时认为"媒介中立原则"并非等同于或包含于"功能等同原则"，实际上，二者侧重点并不相同。前者侧重于确保不同媒介在立法上的中立性或平等性，而后者则强调通过"功能等同"方法解决传统法律中的"书面形式""签名"和"原件"等概念适用于电子商务时所产生的法律障碍。

3. 技术中立原则

该原则也被称为"技术中性原则"，是指法律对电子商务的技术手段一视同仁，不限定使用或不禁止使用何种技术，也不对特定技术在法律效力上进行区别对待。如我国《电子签名法》规定"可靠的电子签名与手写签名或者盖章具有同等的法律效力"。这就是在立法上肯定电子签名的效力，但在立法中对电子签名及认证技术不作任何具体的规定或要求。国际贸易法委员会《电子商务示范法》也体现了此原则。贸易法委员会在起草 UECIC 过程中也曾说明"技术中性"还包括"媒介中性"，可以认为这是广义上的"技术中性"。本书认为此种主张有一定理由，但技术并不同于媒介，如果将二者合并，可以称之为"非歧视原则"。

4. 最小程度原则

该原则是指电子商务立法仅是为电子商务扫除现存的障碍，并非全面建立一个有关电子商务的新的系统性的法律，而是尽量在最小的程度上对电子商务订立新的法律，尽可能将已经存在的法律适用到电子商务中。其原因在于：首先，虽然电子商务是一个崭新的事物，但是对于现存的法律规则和原则进行适当的修改便可以适用于电子商务，没有必要对于已经存在的法律体系进行根本重建或者创造一套全新的法律框架；其次，有关电子商务的技术还在不断发展，最小程度原则可以对于新的技术保持足够的灵活性,过于具体的规定可能会面临过时的危险，而且可能会阻碍新的技术的发展；最后，最小程度原则可以在国际范围内很快得到共识，成为共同的规则，从而解决跨国交易产生潜在的障碍和不确定性。

5. 程序性原则

该原则是与最小程度原则紧密联系的一个原则。因为电子商务法的最小程度原则的要求，各国并不试图制定一部系统的电子商务法律，而是尽力将已经存在的法律适用到电子商务中。电子商务法在一定程度上是为了清除法律障碍或者明确关系，是如何将实体法适用到电子商务中的法律，这便是程序性原则的体现，即电子商务法更倾向于程序性而非实体性。《示范法》旨在提供必不可少的程序和原则，以有利于在各种不同的情况下使用现代技术记录和传递信息。应当指出，

《示范法》所考虑的记录和传递信息的技术，除引起在实施条例中要解决的程序问题之外，还可能引起在《示范法》中不一定能找到答案而要在其他法律中寻求答案的一些法律问题。

6. 协调性原则

该原则是指电子商务立法既要与现行立法相互协调，又要与国际立法相互协调，同时还应协调好电子商务过程中出现的各种利益关系，如版权保护与合理使用、商标权与域名权之间的冲突等，尤其是要协调好电子商家与消费者之间的利益平衡关系。一些学者主张的国际协调性原则应为协调性原则中的一部分内容，该原则是指在制定电子商务法时应该更加注意电子商务的国际性特征，立法时更应该注重促进电子商务法国际化。

7. 当事人意思自治原则

其内在含义是：除了强制性的法律规范外，其余条款均可由当事人自行协商制定。其实，《示范法》中的强行规范不仅数量上很少（仅有4条），而且其目的也仅在于消除传统法律为电子商务发展所造成的障碍，为当事人在电子商务领域里充分行使其意思自治而创造条件。换言之，《示范法》的任意性条款从正面确定权利，以鼓励其意思自治；而强制性条款则从反面摧毁传统法律羁绊，使法律适应电子商务活动的特征，更好地保障其自治意思的实现。可以说是一正一反，殊途同归。

8. 安全原则

电子商务必须以安全为其前提，它不仅需要技术上的安全措施，同时也离不开法律上的安全规范。安全性原则要求与电子商务有关的交易信息在传输、存储、交换等整个过程不被丢失、泄露、窃听、拦截、改变等，要求网络和信息应保持可靠性、可用性、保密性、完整性、可控性和不可抵赖性。

9. 开放原则

该原则也被称为开放、兼容原则，是指电子商务立法对所涉及的诸如电子商务、签名（字）、认证、原件、书面形式、数据电文、信息系统等有关范畴应保持开放、中立的态度以适应电子商务不断发展的客观需要，而不能将其局限于某一特定的形态。目前的电子商务立法大多采取了开放原则，我国电子商务立法也应采取开放性原则，以适应电子商务快速发展的需要。如果说中立原则旨在实现公平价值，那么开放、兼容原则反映的则是效率价值的要求。

10. 鼓励、促进与引导原则

通过立法鼓励和促进电子商务的发展是各国电子商务立法的基本原则。我国电子商务的发展水平比较低，更应当通过立法鼓励、促进电子商务的发展。立法应从网络基础设施建设、与电子商务相关的技术发展和技术标准、税收、市场准入等方面鼓励和促进电子商务的发展。由于我国电子商务的发展水平和社会公众对电子商务的认同程度较低，政府应更多地担负起引导职责，从政策、法律上为电子商务创造良好、宽松的经营环境，引导企业和社会公众积极参与电子商务。

8.1.4 加强电子商务法律体系的建设

1. 加强电子商务管理机制

安全方案的实施离不开管理，所谓"三分技术，七分管理"。信息安全意识的加强和培育是实现安全管理的必备条件。它的基本原则是：要求发生在系统中的行为都是有权限的行为，并且符合程序控制的要求，所有的过程都有日志记录。管理的有效性往往可以解决许多技术层次解决不了的问题。

加强政府的示范、引导作用，完善电子商务相关法规，主要有以下三个内容：① 关于买卖双方的身份认证。参与电子商务的买卖双方互不相识，而且提供服务的网络服务商也有个认证的问题。随着电子商务的迅速发展，制定这方面的法律法规迫在眉睫。② 关于电子合同的合法程序。电子合同是在网络条件下，当事人之间为了实现移动的目的，明确相互间的权利与义务关系的协议，因此电子合同是电子商务安全交易的重要保障，需要通过建立法律法规确定和认可通过电子手段形成的合同规则。③ 关于电子支付。我国目前尚无有关电子支付的专门立法，为了适应电子支付发展的需要，必须用法律形式详细规定电子支付命令的签发与接受、电子支付当事人的权利和义务以及责任的承担等。

2. 立足国情，建立、完善电子商务法

目前，我国在管理、技术、经济等方面和发达国家均有着一定的差距，我国发展电子商务不能照搬发达国家发展电子商务的模式和策略。中国开展电子商务应当立足本国国情，建立、完善符合我国电子商务发展要求的制度与政策，为电子商务的有序发展提供相应的法律保障。应当根据政府推动为辅、市场竞争为主的指导思想大力发展我国的电子商务。

首先，制定电子商务立法规划。电子商务立法是一项长期复杂而又艰巨的系统工程，制定电子商务立法规划是建立完整、统一、相互协调的电子商务法律体系的前提。应当从建设中国电子商务法律体系的全局出发进行电子商务法律规划，从总体上分析开展电子商务活动可能产生的法律问题，提出电子商务立法的具体步骤和内容，对立法实践进行指导。

其次，确立电子商务立法的原则。目前，至少 40 多个国家或地区已经颁布了电子商务法，越来越多的国家或地区正在着手起草、审议、建立和完善电子商务法。电子商务立法需要遵循何种原则、怎样预防经济犯罪、怎样保障电子交易的安全等既是贯穿于整个电子商务立法过程的精髓，也是衡量电子商务法是否具有实效性的重要标准，是电子商务立法的重要环节。

再次，明确电子商务立法的模式。在电子商务基本法颁布前，国务院与各部委就应当先行制定相关的电子商务行政法规、规章，各省市在地方立法权限范围内根据地方开展电子商务活动的实际需要制定相关的法规、规章。在电子商务基本法颁布后，就必须以电子商务基本法为指导，总结分析地方性法规、行政法规等的立法经验，对电子商务涉及的具体问题方面的法律法规进行修订和完善，以构成完善、配套的电子商务法律体系。

最后，发挥地方立法的积极性和创造性。

8.2 电子商务知识产权与隐私权保护

8.2.1 电子商务版权问题

1. 互联网上版权保护问题

版权保护的核心内容是保障版权人拥有控制作品传播和使用的权利。在传统的传播技术条件下，复制权、发行权、广播权等权利上基本保证了版权人对版权作品的控制。然而，在网络环境下，版权人面临作品"失控"的严重威胁。网络上的版权侵权问题主要表现在以下几个方面。

（1）直接侵权。未经作者或者其他版权人许可而以任何方式复制、出版、发行、改编、翻译、广播、表演、展出、摄制影片等，均构成对版权的直接侵犯。此外，关于互联网服务提供者由于其服务者的侵权行为和其计算机系统在提供服务过程中的自动复制而被牵涉的侵权责任问题，尚属于争论的范畴，还需要在法律规定上进一步明确。

（2）间接侵权。主要指互联网服务提供者（ISP）和网主因用户的侵权行为承担的侵权责任。在网络上的间接侵权责任问题上，服务提供者应当承担责任的大小，也在研究当中。

2. 互联网上专利保护问题

网络技术对专利领域也提出了大量问题。例如，计算机软件能否成为专利制度保护的客体，互联网的广泛性和开放性对专利的"新颖性"特点提出了挑战，专利的电子申请方式中涉及的法律问题等等，这些都是在网络环境中需要讨论和解决的问题。

（1）计算机软件的专利保护。

很多国家的法律在用版权法对计算机程序进行保护时都采取了一些变通的做法，吸收了专利保护的一些内容。但是，能否直接对计算机程序申请专利，不同国家在此问题上所持的态度不一样。依据在《与贸易有关的知识产权协定》的附录中对授予专利的事物这样描述："任何一项发明创造，无论是产品还是程序，无论在任何技术领域，只要它们是新颖的、具有创造性的和具有工业实用性的，都可以被授予专利。"可见，专利制度成为保护计算机软件的一种法律手段已经成为一种趋势。

目前，在知识产权理论界不少人都认为要把专利法和版权法结合起来，实现对软件真正的保护。

（2）互联网对专利法的影响。

在专利法中一般都规定，授予专利的发明创造必须具有新颖性，新颖性是授予发明或实用新型专利的实质要件之一。传统的专利法并没有规定在互联网上公开发明创造应采取什么样的原则，因此，在广泛的、开放的互联网上公布的发明是否还具有新颖性就是一个值得探讨的问题。

（3）专利的电子申请问题。

世界知识产权组织起草的《专利法案条约（草案）》和《专利合作条约》细则的修改中，已确认了电子申请的合法性。日本专利局已于1990年12月开始接受专利的电子申请。韩国已经着手进行通过互联网申请专利的实验。美国、日本、欧洲三个专利局正在进行通过互联网联机申请专利的准备，并把实现专利文献无纸化作为今后的发展方向。

3. 互联网上的域名

域名是连接到互联网上的计算机的地址，设计域名的初衷是便于计算机联网和网上通信联系，然而，因其易记便用，已经被广泛用作一种商业标志符号了。商业组织已经意识到网站作为发展电子商务基本手段的巨大潜力，为此，商家尽量使用商标、商号和其他公司标志性词语作为其网站的域名，以吸引原有消费者，扩大网上市场的知名度。商业组织的域名也被普遍用在广告宣传中，作为该商业组织已经在网上占有一席之地的标志。

因此，单个厂商参与全球电子商务的前提是在互联网上注册域名。域名系统的技术特征决定了域名的唯一性，因此，有些别有用心的人就想出了将他人的知名商标、商号或其他标志注册为域名，再以高价将这些域名卖给其知识产权的所有人的坏主意。

而在有些情况下，域名注册人并不存在抢注之故意，而是出于自身原因使用了某一域名，偶然与他人以英文字母形式表示的注册商标或使用商标相同或相似，抢注域名对网络上电子商务的发展非常有害。这种行为已经在美国、英国等国受到了法律制裁，那些注册了几十、上百个他人的知名商标或企业名称的抢注者都被迫将抢注的域名还给知识产权所有人。

域名虽然越来越具有商业价值，但是它与商标、商号等知识产权制度之间缺乏必要的联系和沟通。因此，最紧迫的议题当是建立域名与知识产权制度之间的联系，减少两者之间的冲突。但是，更根本的解决方法还在于给域名"正名"，如果域名真的具有了知识产权的价值，就应当考虑给予其知识产权的地位和法律保护。这样不仅解决了域名与知识产权的冲突，而且丰富了知识产权的内容。

随着互联网技术的日渐成熟，以电子数据交换方式的交易逐渐成为21世纪的主要经济贸易方式。我国的电子商务发展的速度相当快。在这虚拟的世界之中，和现实的世界一样，也存在着违法犯罪和投机取巧行为，这些行为同时也成为电子商务中的知识产权保护的问题，也影响着电子商务活动的发展。

4. 著作权知识产权保护对电子商务的影响

我国著作权法中，对作品的数字化、作品的网络传播都没有作出相应的法律规定。这种状况造成的结果是：第一，网络环境下作品的主体和客体发生了变化，而信息网络作品、多媒体作品和由工具生成的衍生作品的存在，使作品的分类带来困难。这就影响了电子商务活动中主体资格的认定。第二，个人合理使用作品的界线很难界定。特别是在网络环境下，经济利益获取与作品形式的分离，使营利与非营利的界线很难划清。第三，用户合法权利的保护受到影响。在网络环境下，存在着用户对作品被动获取的条件和环境，极可能使用户合法权利受到侵害。所以，为了保护各方著作权利人的利益，同时有利于推动电子商务的发展，我国著作权法的保护原则和重点应当有所调整并随着计算机网络技术和应用的进展，不断增加调整力度。

5. 电子商务中技术成果保护对电子商务的影响

技术成果是创新者创造性的智力成果,包括新技术、新产品、新工艺和新材料。电子商务中的技术成果不仅包括通过互联网进行交易的商品本身,还包括交易过程中的创新性贸易技巧。随着信息技术的不断发展,电子商务中的商品品种增多,贸易技巧层出不穷,仅靠版权法难以有效地保护这些技术成果的所有方面。因此,有必要对此进行探讨,寻找新的保护途径。

(1) 专利权保护。

创新者向国家知识产权局申请专利,公布其技术成果,得到专利法的保护,这是创新者享有专利垄断权、提高技术信息价值的有效途径。因为创新者一旦取得了技术成果专有权,使用它的时间越长、范围越广,其价值就越高(在出现新的替代性技术之前,其价值能无限期积累),而且权利人除了自己使用,还可以通过权利转让和使用许可赚得极为丰厚的利润。

(2) 商业秘密保护。

在我国,根据《中华人民共和国反不正当竞争法》第10条的规定,"不为公众所知悉,能为权利人带来经济利益、具有实用性并经权利人采取保密措施时才成为商业秘密"。在电子商务中,商业秘密包括技术秘密和经营秘密,如计算机软件、客户订单、成本核算表、会计方法、市场研究报告、营销策略及物流配送流程等。商业秘密具有很高的价值,这表现在它现在或将来的使用会为权利人赢得现实的或潜在的竞争优势。

因此,企业往往采取各种措施保护其商业秘密,而一些企业为节省开支或了解对手的情况,可能会不择手段地窃取对方的商业秘密。为保护企业的正当权益,许多国家规定了商业秘密权,来维护技术成果创新者的权利。

8.2.2 域名注册与域名保护

1. 域名注册

域名注册是互联网中用于解决地址对应问题的一种方法。域名注册遵循先申请先注册原则,管理机构对申请人提出的域名是否违反了第三方的权利不进行任何实质审查。每个域名都是独一无二、不可重复的。因此,在网络上,域名是一种相对有限的资源,它的价值将随着注册企业的增多而逐步为人们所重视。

在新的经济环境下,域名所具有的商业意义已远远大于其技术意义,而成为企业在新的科学技术条件下参与国际市场竞争的重要手段,它不仅代表了企业在网络上的独有的位置，也是企业的产品、服务范围、形象、商誉等的综合体现，是企业无形资产的一部分。同时，域名也是一种智力成果，它是有文字含义的商业性标记，与商标、商号类似，体现了相当的创造性。在域名的构思选择过程中，需要一定的创造性劳动，使得代表自己公司的域名简洁并具有吸引力，以便使公众熟知并对其访问，从而达到扩大企业知名度、促进经营发展的目的。可以说，域名不是简单的标识性符号，而是企业商誉的凝结和知名度的表彰，域名的使用对企业来说具有丰富的内涵，远非简单的"标识"二字可以穷尽。不论学术界还是实际部门，大都倾向于将域名视为企业知识产权客体的一种。而且，从世界范围来看，尽管各国立法尚未把域名作为专有权加以保护，但国际域名协调制度是通过世界知识产权组织来制定，这足以说明人们已经把域名看作知识产权的一部分。

域名注册早期很多都不是实时注册的。直接提交域名注册查询都是实时结算、实时注册成功。这种实时性主要是应对越来越严重的域名抢注现象。域名注册的所有者都是以域名注册提交人填写域名订单的信息为准的，成功提交 24 小时后，即可在国际（ICANN）、国内（CNNIC）管理机构查询 whois 信息（whois 信息就是域名所有者等信息）。

2. 域名、创建时间、使用范围说明

com——供商业机构使用，但无限制，被大部分人熟悉和使用。
net——1985 年 1 月，原供网络服务供应商使用，现无限制。
org——1985 年 1 月，原供不属于其他通用顶级域类型的组织使用，现无限制。
edu/gov——1985 年 1 月，供教育机构/政府机关注册。

（1）可以包含英文字母（a~z，不区分大小写）、数字（0~9），以及半角的连接符"—"（即中横线），不能使用空格及特殊字符（如!、$、&、?等）。

（2）"—"不能连续出现，不能单独注册，也不能放在开头或结尾。

（3）最多可以注册 63 个字符。

3. 域名保护

（1）域名性质：域名是无形资产。

域名作为企业在网络中的唯一具有识别性的标志，具有显著的区别功能，从某种程度上说它代表了一个企业的形象、信誉、商品及服务质量等，与域名持有者的商业声誉和其他名誉、荣誉等紧密相连，其商业价值不仅仅在于域名本身，更重要的是域名包含了持有者丰富的文化底蕴，具有巨大的无形价值。

① 域名具有专有性。

域名作为域名持有者在网上的标志符号,在全球范围内都是唯一的,不可能存在两个完全相同的域名。也正是域名注册系统的这一技术特点决定了域名具有无可争议的专有性,只有权利人(域名持有者)可以在网络中使用该域名,除此之外,任何人均不得使用,也无法使用。

② 域名具有时间性。

域名需要定期年检,否则便会被撤销。《中国互联网络域名注册实施细则》第19条规定:域名注册后每年都要进行年检(这类似于商标的续展),自年检日起30日内完成年检及交费的,视为有效域名;30日内未完成年检及交费的,暂停域名的运行;60日内未完成年检及交费的,撤销该域名。可见域名也不是无时间限制的权利。

③ 域名具有地域性。

域名的地域性表现为在网络中的"地域性",而不像其他传统的知识产权类型在现实世界中的地域性。

(2)侵权认定。

由于域名的复杂特点,因商标权和域名权冲突而引起的争议不断出现。常见的是域名恶意抢注引发的域名权与商标权先占权冲突的纠纷。这类案件中如何适用法律和商业惯例的问题,在法学理论界和司法实务界有不同的认识。以注册域名为手段来谋取不当利益,妨碍权利人在互联网上的合法权利,降低他人商标的商业价值,应当认定其为恶意抢注行为。对确定域名是否恶意注册,世界知识产权组织的认定依据是:① 争议域名与商标权人持有的商标相同或者足以引起混淆的相似;② 域名持有人对该域名不享有权利或其他受法律保护的利益;③ 域名持有人对该域名的注册与使用具有恶意。例如,为考虑增值,承诺销售、租赁或转让域名给商标或服务标记持有人或他们的竞争对手,或企业为取得盈利,通过创立与原告相混淆的商标或服务标记来吸引互联网用户访问域名持有人的网站或其他在线地址,或域名注册人其目的并不在于自己使用,而在于阻止商标或服务标记持有人利用自己的商标注册相应的域名,或为了破坏竞争者的商务而注册域名。

中国国内出现了大量知名企业的驰名商标被他人抢注成网络域名的情况,司法实践中,法院也开始作出维护商标权人的权利的判决或裁定。如我国的首例域名纠纷案:北京市海淀区人民法院受理了科龙集团的英文商标"kelon"被抢注为域名的案件,最后法院认定抢注者的行为是非法的。

注册并使用域名可能给商标权人造成损害的表现主要有:

① 域名持有人意在出售域名。向商标权人提出转让域名的要约时，其索要的出让价格非常高，明显具有营利性。

② 域名持有人注册有关域名后使得商标权人无法利用自己的商标作域名，因而使其通过网络从事的经营活动受到严重影响的。商标权人必须举证证明，其所拥有的全部商标均已被作为被投诉人的域名持有人在常用的一级域名之下注册为二级域名，或在常用的二级域名之下注册为三级域名，从而使其彻底丧失了利用自己的商标在顶级域名下注册二级或三级域名的可能性。

③ 域名持有人在相应的网站上从事与商标权人相同或相似的业务，并直接或间接地表明其与商标权人系同一人，或者至少有某种内在的联系。这样做的结果必然会导致有意同商标权人交易的用户选择域名持有人进行交易，从而剥夺商标权人本来应当有的交易机会。

④ 在相应的网站或网页上传播损害商标权人形象与声誉的信息，从而贬损商标权人在市场上的竞争地位的。

⑤ 注册了与他人注册商标文字相同的域名但不使用，应属于非法抢注。笔者认为，域名注册人注册了与他人注册商标文字相同的域名，并在2年内空置的；或者注册人注册了几十个以上与他人注册商标文字相同的域名，应属于非法抢注，相关的商标权人有权向有关机关申请抢注者注册的域名无效。

（3）法律保护。

国务院信息办是中国域名系统的管理机构，负责制定中国域名的设置、分配和管理的政策及办法；选择、授权或撤销顶级和二级域名的管理单位，监督、检查各级域名注册首次查封域名权服务情况。中国互联网络信息中心（CNNIC）是中国负责管理和运行中国顶级CN域名的机构，经过几年的探索，于2002年出台了《中国互联网信息中心域名争议解决办法》和《中国互联网络信息中心域名争议解决办法程序规则》，为互联网络域名的注册或者使用而引发的争议提供了途径，建立了一种专家组负责解决相关争议的中国域名争议解决机制。但是中国域名纠纷解决能力与国际上的域名争议解决水平还是有很大的差距，所以应当更努力地向全球统一域名纠纷处理机制靠拢，寻求更先进、更合理的域名争议解决办法。

（4）建议。

① 法律确认域名的地位。

应当将域名这种新型知识产权纳入知识产权的保护领域中，与商标权、专利权等一样，给予正式立法确认，让域名受到高层次的法律保护。其实，最高人民法院2001年6月颁布的《关于审理涉及计算机网络域名民事纠纷案件运用法律若干问题的解释》(以下简称《解释》)已经标志着中国在网络领域中已设置了对域名司法保护和相关权利义务的司法调整机制，并为日后的域名立法作出了有益的探索与尝试。

② 增加专家意见。

由于域名是一项技术含量较高的权利，在国外的司法实践中，处理域名纠纷大都会成立专家组进行裁定。当然，专家组并没有作出裁决的权利，而是协助法官认清事实，解决疑难并提出专业意见。为了提高办理域名纠纷案件的质量，这样的专家意见在每个案件中都应该具备，这可以说是处理域名纠纷案件的一个特殊程序。

③ 允许域名合法转让。

应删去《解释》中对驰名商标的特殊保护。即"为商业目的将他人驰名商标注册为域名"。因为对于域名的正当所有人来说，如果能证明其非恶意持有该域名，则按照"先注册原则"，其对域名的所有权应该得到法律的保护。域名的可转让性已经得到国际认可，中国立法也应该对其作出肯定性规定。这样，才能不违背民商事主体法律地位平等性原则和市场经济的效益原则。域名是一项新兴权利。在对其性质做出正确认识后，应对现有法律的可适性进行分析和探讨，重新寻找调整冲突利益的结合点，力求建立一个新的利益平衡的法律调整机制。域名作为一种新型知识产权，应该正式立法确认其法律地位和权利体系，从而有效地保护域名合法所有人和其他民事权利主体的利益。同时，应该考虑域名权利的特殊性，借鉴国外经验，建立中国的域名法律保护制度。

8.2.3 电子商务中隐私权保护问题

1. 我国电子商务中隐私权保护现状

"隐私权"概念的产生最早要追溯到美国学者沃伦和布兰代斯于1890年在《哈佛法学评论》上发表的《论隐私权》一文。他们认为隐私权是"生活的权利"和"让我单独待着的权利"。也就是说，隐私权本质上就是一种决定权，即决定自己的各种事务是否公开给他人的权力。现在国内一般认为，隐私权是指自然人自主决定其私人事务、个人信息等个人生活领域内的事情是否让他人知悉，禁止他人在本人不知情或不同意的情况下非法干涉或利用自己私人信息的一种独立的人格权。换言之，隐私权作为一种基本人格权利，是指公民"享有的私人生活安宁与私人信息依法受到保护，不被他人非法侵扰、知悉、搜集、利用和公开的一种人格权"。

电子商务中的隐私权是隐私权在电子商务环境下的延伸，是隐私权在网络空间中的体现，是伴随着互联网的普及而产生的新问题，主要内容与网上个人资料有关。

现行环境下，我国在关于电子商务方面的消费者隐私保护还比较落后，消费者的隐私受到侵犯时会因缺乏相关法律和政策支持而不能得到有效的保护，同时消费者在隐私受到侵犯时的维权意识也令人担忧。我国目前尚没有具体保护电子商务消费者隐私权的法律条文，只是参照传统隐私权来进行保护。并且我国关于隐私权的规定目前尚无全国性的立法，对隐私权的保护散见于各部门的法律当中，并不成系统。《民法通则》中并没有明确规定隐私权这个概念，这是立法上的一个疏漏。

2. 我国电子商务消费者的隐私权保护的制约因素

（1）电子商务中消费者隐私权保护意识不足。电子商务中消费者隐私权遭受到侵犯的主要原因之一就是自我保护意识不足。大多数电子商务中消费者的个人信息保护意识有很大的欠缺，不知道保护自己的个人信息或者不知道怎样保护自己的个人信息。很多情况下，他们并不知道这个信息是可以被保护、应该被保护或者必须被保护的，他们不清楚自己拥有什么样的权限；消费者提交的信息具有随意性，没有意识到提交这些信息会对自己造成什么影响；不善于利用已有的保护措施。然而也正是因为电子商务中消费者自我保护意识的不足，才使得现在电子商务中消费者隐私受到侵犯。

（2）电子商务中消费者隐私权技术保护存在不足。现在的网络安全保护技术是越来越强了，但还是存在不足之处。数字签名技术、防火墙技术、入侵检测系统、信息加密技术、安全认证技术、防病毒系统在很大程度上已经减少了电子商务中消费者隐私的侵犯，但因为技术只是工具，它具有双刃剑的特性，先进的技术既可以用来保护电子商务中消费者隐私，也有可能会被用来侵犯电子商务中消费者的隐私。所以技术保护可能永远无法彻底解决电子商务中消费者隐私权保护问题，先进的技术只能在某种程度上完善和加强对电子商务中消费者隐私的保护。

（3）电子商务中消费者隐私权法律保护不足。隐私权保护的立法依据缺失，在网络立法上的规定也较为笼统，这就直接导致目前我国对隐私权法律保护基本上处于一种无法可依的状态。目前，我国的相关法律规定为保护奠定了一定的法律基础，但缺乏明确具体的规定，不便于具体的操作，也未专门涉及电子商务中消费者隐私权的问题。所以对我国的电子商务中消费者而言，在法律上既没有新的网络隐私保护和电子商务中消费者隐私权的规定可供适用，也不能求助于传统隐私权的保护手段来保护电子商务中消费者隐私权，一旦出现网络服务提供商或其他主体通过网络非法搜集电子商务中消费者的隐私资料，并用作对消费者不利的方面，电子商务中消费者就容易陷入孤立无援的境地。

由上可知，虽然我国法律已经开始重视对消费者的隐私保护，但却没有一部法律直接将"隐私权"这个词写进法律条款中，也并没有具体规定隐私权的内容和侵犯隐私权行为的方式。但隐私权保护的法律体制不完善、电子商务中消费者隐私权法律保护的缺陷，使网络隐私权、电子商务中消费者隐私权遭受侵害时寻求司法救济成为难题，限制了被侵权人通过法律途径保护自身权益。

3. 电子商务中消费者隐私权保护的相关对策

（1）加快相关消费者隐私保护立法建设。我们应该在立足于本国国情的同时，积极关注国际上的立法趋势和立法动态，从中吸取可行的经验措施，形成我国电子商务中消费者隐私立法的一般方式和原则；并逐渐向隐私保护的国际标准靠拢，取得国际协调，争取在电子信息网络建设和发展刚刚起步的时候取得主动。首先应从法律上明确隐私权作为独立民事权利的地位，进而尽快制定《隐私权法》，既加强对隐私权的传统法律保护，也重视对信息时代下电子商务中消费者隐私权的调整，建立一套完整的隐私权保护的法律法规体系。在目前条件不成熟的情况下，当务之急是拟定相关条例、决定或司法解释，填补我国电子商务中消费者隐私保护方面的空白。

（2）加强电子商务经营者的自我管理机制。

① 电子商务经营者应该制定完善、健全的个人资料保护政策，并在网站上公开声明这些政策。为浏览网站者和消费者提供使用匿名身份的选择，在明显的地方提供顾客可注销或继续的选项。

② 经营者应尽可能地考虑到消费者担心隐私被泄露的心理，除了注意收集信息的方式尽可能降低涉及用户个人隐私的程度以外，还应该向消费者提供更高级的隐私保护控制方法。在网站明显的位置上告知消费者网站将以何种方式收集用户的个人资料以及网站收集个人资料的范围和消费者所拥有的权利，并在收集敏感信息时采用加密措施。

（3）提高个人防范意识。

通过政府及相关舆论的宣传及引导以及相关知识的普及，用户应随时注意上网时所可能产生的隐患，不向网站泄露自己的真实情况，不把重要的信息存放在电脑中，不随便使用网上下载的软件，定期清除历史记录，访问完网站之后通过浏览器的 Internet 选项，删除过时的 Cookies 文件，养成良好的浏览习惯，从而从源头上杜绝网络隐私安全问题的发生。

（4）逐步完善消费者隐私权的科技保护手段。

① 宏观上可以从以下几方面完善：首先国家应加大科研经费的投入，尽量发挥潜能，研究更高端、更安全的电子商务安全技术。其次是可以借鉴国外科技研发的经验，我国政府制定相关政策激励更多的民间资本介入科技研发领域，这样既可以缓解国家资金投入有限的问题，还可以让高新技术更好更快地应用到电子商务中，尽早防范和保护电子商务中消费者隐私权的保护。

② 微观上可以从以下几方面完善。

第一，在网络系统中安放网络巡警。在网络系统中寻找可疑节点，对于涉及个人隐私的信息彻底删除，或者进行冻结让它无法通过传播。还可以在商务网站中设置报警链接，方便消费者进行网络举报、方便警察及时打击。

第二，针对搜索引擎技术的滥用，搜索引擎提供方可以在搜索关键词上进行限制，针对过于详细的个人信息的搜索需要提供个人的身份证明才允许查阅。

第三，针对网络木马和黑客技术，对于普通电子商务消费者来说，可以采用最实用简便的方法——使用正版的杀毒软件，及时更新病毒库，这样可以简单、有效地防护个人隐私不被侵犯。

8.2.4 网上消费者权益保护

1. 消费者权益保护的特殊性

消费者权益保护的特殊性表现在以下几个方面。

（1）消费者知情权与公平交易权保护的特殊性。

（2）消费者隐私权保护的特殊性。

（3）消费者损害赔偿权保护的特殊性。这些权益保护的特殊性就决定了网络消费者权益保护的特殊性和必要性。

2. 网络交易中消费者权益受损的现象

网络交易中消费者权益受损的现象屡屡出现，主要表现在以下几个方面。

（1）消费者知情权受损，即经营者向消费者提供虚假信息或是提供的商品信息不完整、经营者发布虚假广告等。

（2）消费者公平交易权受损，即体现在网络消费欺诈和格式合同条款侵权等，如商品数量、质量、价格与预定时要求不符,售后服务难以保证,强制要求接受商品等问题。

(3) 消费者退货权及求偿权受损。在网络购物环境下,消费者行使退换货的权利会遇到许多新问题。例如,在离线交易后,如果由于商品本身的特性导致无法通过网络认识,消费者购买后才发现,双方又无退换货的约定和法律依据,那么消费者提出退换货的要求和权利将受到损害等。主要表现在:难以找到侵权方;侵权证据难以掌握;侵权责任难以认定;异地管辖使侵权赔偿难以落实等。

(4) 消费者交易安全权受损。

3. 网络消费中消费者权益受损的原因

网络消费中消费者权益受损的原因主要有以下几个方面:

(1) 网络消费的特殊性。

(2) 网络消费设施的不完善。

(3) 经营者经营观念落后。

(4) 与保护消费者相关的网络技术发展相对滞后。

(5) 对网络消费的监管不力。

(6) 消费者处于弱势地位,自我保护意识和能力薄弱。

综上原因,保护消费者的权益不受损需要我们付出一定的努力去实施。

4. 现阶段网络消费者权益的保护途径

网络消费者权益的保护途径主要有以下几个方面。

(1) 消费者的自我保护。消费者的自我保护是消费者通过接受消费教育、树立正确消费观念、获得丰富的网络消费知识、提高消费者权利意识和自我保护的能力、依法维护自身合法权益的一切个人活动。消费者自我保护是消费者法律教育的理想结果,它是消费者权益保护的基础,只有每个消费者都对自己的权利给予充分的关注,才有可能形成强大的社会力量,进而推动消费者权益保护工作向前发展。

(2) 国家保护。国家可以通过立法、行政和司法三种方式保护网络消费者权益。具体应该做到:加快对网络消费的立法和司法保护;加强政府的行政保护。将这两种方式结合起来才有可能更有效地保护消费者的权益。

(3) 社会保护。网络消费者权益的社会保护通过各类社会组织、社会舆论和个人对损害消费者权益的行为进行监督,保护网络消费者权益,可以充分发挥各类中介机构和行业组织的作用。行业组织在经济发展过程中作用的大小可以反映一个社会进步的程度。网络中介组织则主要是通过发放认证标志来保护消费者权益。我国保护网络消费者权益的具体措施表现在以下方面。

① 不断提升网络技术水平，完善网络消费配套设施建设。

② 健全网络消费法律体系，维护网络消费者权益。具体表现在：第一，网络交易信用管理法律体系的建立和维护。第二，消费者权益保护法律体系。

③ 规范网络服务商的行为，提升服务质量和水平。

④ 加强多部门联合监督，扩展网络消费者权益救济渠道。扩展网络消费者权利的救济渠道，降低救济成本，能充分调动其维权的积极性，同时，如果相关配套制度比较完善，显著的救济效果也必将有助于遏制经营者的投机行为。

⑤ 加强网络消费教育，提高网络消费者素质。加强网络消费教育是提高网络消费者素质的重要途径。消费者素质的提高势必会提升消费者的自我保护能力。加强国民素质教育，注重精神文明建设，不断提升消费者的道德水平，是保护网络消费者权益的长远保障。

8.3 电子商务安全的法律规范

8.3.1 互联网络行业的准入管理

随着互联网和电子商务的发展和普及，网络虚假身份和欺诈等诚信风险也日益凸显，如何获取网民信任已成为网络尤其是电子商务行业面临的一大挑战。

2013年12月18日，上海市网络信贷服务业企业联盟发布全国首个网贷行业自律标准——《网络借贷行业准入标准》，具体确立网络借贷行业经营红线，规定联盟内公司不得以任何方式挪用出借人资金，必须建立自有资金与出借人资金隔离制度，不得以期限错配方式设立资金池。同时，联盟积极筹备并参与建立网络借贷服务机构破产隔离机制。

针对不同的行业，互联网准入的机制与要求也是不一的，目前，我国各行业的互联网准入机制也在进一步摸索与发展中。

8.3.2 互联内容管理

1. 我国互联网管理存在的问题

（1）重审批，实行主体许可：国家对经营性的互联网信息服务活动采取许可制，此外，从事新闻、出版、教育、医疗保健、药品和医疗器械等互联网信息服务，还需要分别经过国务院新闻办、新闻出版总署、教育部、卫生部、国家食品药品监督管理局等部门的前置审批，也就是说从事互联网信息内容服务必须经过至少两个以上的部门审批。

（2）职能交叉，多头管理：法规在一些条文上的兼顾交叉，是构成一部完备的法规体系所必需的。但同等效力的法规如果交叉面太多，或是一种覆盖、包含的关系，就等于是多重授权，按照现行的《中华人民共和国立法法》和《中华人民共和国行政许可法》的规定是不允许的。如网络游戏，目前文化部门和新闻出版部门都在进行管理和审批，让网络游戏企业无所适从。

（3）执法难，操作性差：目前各网站一般至少有两个许可证，一个是互联网内容主管部门颁发的，一个是电信部门颁发的。网站违规了，取证时都要通过电信管理部门（各省为通信管理局），而有的网站服务器并不一定在注册地或违规单位、个人的所在地，有的甚至不在中国内地，这为取证增添了很大难度。此外，处罚是要讲证据的，互联网信息更新非常快，一般来讲，内容一旦删除就不复存在了，传统媒体可以事后追究，或白纸黑字，或录音录像都有实物，而网络媒体很难做到这一点。

（4）缺乏必要的监管手段：目前，公安部、信息产业部、国务院新闻办、文化部、新闻出版总署、国家广播电影电视总局等正在开发对网上信息内容实施有效监管的信息系统，各部门都在自主开发内容监管软件。

2. 国外管理和立法的借鉴意义

美国在互联网立法和管理方面特别注重限制色情和暴力的传播，注重对儿童权益的保护，注重对个人隐私、他人利益和知识产权的保护，充分发挥行业协会的作用，倡导互联网内容供应商和网民加强自律。

英国是通过社会组织、网际服务、广大用户和警方共同协作控制网上有害信息，坚持"分级认定、检举揭发和追究责任"三管齐下原则，并强调传统内容管理方面的法律同样适用于互联网络。

德国专门为互联网络的发展制定了统一的法典，即《信息与通信服务规范法》（又称《多媒体法》），清晰地界定了互联网供应商的责任。

新加坡从维护国家稳定，促进各族和谐与保护民族文化着想，对互联网络的信息内容实行较严格的管理，该国通过分类管理，明确了ICP和网际服务的责任。

我国和这些国家的国情不同，在互联网内容管理方面不能照抄照搬，但以下几个方面对我国的互联网内容管理和立法工作有着很好的借鉴意义。

（1）建立健全的举报制度。从实践中看，单凭群众的自觉性举报还是不够的。对互联网的监管，特别是对一些非法网站的监管有关部门可以通过电话、传真、电子邮件，甚至公告板等方式，接受群众的举报，并落实相关的奖励政策，将群众的积极性充分调动起来。

（2）实行分类管理制度。比如，可将互联网内容分为四大类：一是网络新闻；二是网上数字化文化产品；三是网络游戏；四是电子公告系统和论坛。对从事这四类的 ICP 实行审批制，对从事其他互联网信息服务的均实行备案制，即不必区分经营性和非经营性两类。此外，对 ISP 等以提供接入服务为主的互联网站同样可以实行备案制。

（3）建立分级管理制度。对网上色情、暴力等内容可以采用类似电影分级的办法，使儿童和青少年免受危害。国家目前正在考虑电影的分级问题，虽然将出台的分级制度和国外在分类标准上会有所区别，但考虑电影分级时应将互联网上的内容管理纳入视野。

（4）建立免责制度。美国规定，只要没有对社会或他人造成危害的，公民可以有充分的言论自由。互联网信息量大，时效性又很强，因此网站很难做到万无一失。出现错误或失误只要将有关内容及时删除，只要不是主观故意，且又没有造成不良的后果，网站应该免予责任。

（5）实行"黑名单"制度。色情和暴力内容的泛滥，是儿童和青少年上网的最大危险。儿童和青少年上网比较集中的地方是学校、家庭和网吧。因此，可以在有关的计算机上安装内容过滤软件，通过网址黑名单设置，实现限制访问带有色情、暴力、恐怖等内容网站的目的。

3. 对内容管理的政策建议

（1）尽快建立统一高效的协调机制。在目前的互联网内容管理中，纵向管理（即本部门业务范围内的垂直管理）较好，横向管理（各相关部门之间的协作）存在不足，形成合力不够，管理效果不佳。

（2）互联网信息内容应归口管理。无论是广播、影视、出版物还是其他文化产品，经数字化放到互联网上后其本质是一样的，都是"比特"介质。因此我国对传统媒体的这种分工管理移植到互联网管理方面显然不适应，对互联网内容的管理应该归口。

（3）提高立法等级。要实现"依法治网"的目标，首先是要对现有的法规进行清理，认真研究存在的问题，制定出一部统一的法律规定。此外，要启动配套法律的制定等。

（4）管理工作要抓大放小。对一些规模大、影响大、点击率高的互联网站，有关部门在前置审批环节要给予足够的支持，同时对其严格要求、规范化管理，加强引导，使其成为一个发布新闻信息和权威数字化作品的平台。而对那些规模小、影响小、点击率低的互联网站或个人主页，管理中不应耗费过多精力，可以让其"自生自灭"。

（5）不断升级监管技术手段。利用先进的监管系统辅助政府的管理是发达国家管理互联网的普遍做法，因此要加紧对互联网内容监管系统的研究和开发，不断升级监管技术手段，以准确地把握互联网上信息传播的动向。另外，要加紧开发色情内容过滤软件，在网吧和校园中推行，以切实保护儿童和青少年免受毒害。

（6）加强对互联网机构的人才培养。要真正提高互联网内容的真实性、合法性，降低差错率，人才是关键。因此要尽快培养起一批精通互联网技术、熟悉互联网法规和现代传媒的复合型人才。

（7）发挥行业协会在互联网管理中的作用。中国版权协会、中国软件协会、中国互联网协会、中国音像协会、中国版权保护中心等都是一批在国内有影响力的行业组织，可以通过这些单位架起政府与互联网企业之间的桥梁。此外，还要充分发挥中国音乐著作权协会、中国文字作品著作权协会、中国美术摄影作品著作权协会等著作权集体管理组织的作用，使网上信息和知识的传播更加顺畅。

（8）引导互联网内容供应商和网民加强自律。道德是人类行为准则的调节器，运用道德手段管理互联网是对法律、行政手段的重要补充。通过网络运营者和使用者的自我约束、自我管理、严格自律，辅之以广泛的社会监督，达到互联网运营者自觉依法开展互联网运营活动、上网用户自觉依法使用互联网的目的。2001年5月，在信息产业部的指导下，我国成立起了"中国互联网协会"。到目前为止，我国已经有《中国互联网自律公约》《中国新闻界网络媒体公约》《中国互联网协会反垃圾邮件规范》《全国青少年网络文明公约》四部自律性规范，我国已经向着"以德治网"的目标迈了一大步。尽快走出以往的"一管就死、一放就乱"的怪圈，探索出一条有中国特色的互联网管理之路。

8.3.3 互联网安全的制度保护

《互联网安全保护技术措施规定》已经2005年11月23日公安部部长办公会议通过，自2006年3月1日起施行。

第一条 为加强和规范互联网安全技术防范工作，保障互联网网络安全和信息安全，促进互联网健康、有序发展，维护国家安全、社会秩序和公共利益，根据《计算机信息网络国际联网安全保护管理办法》，制定本规定。

第二条 本规定所称互联网安全保护技术措施，是指保障互联网网络安全和信息安全、防范违法犯罪的技术设施和技术方法。互联网服务提供者、联网使用单位负责落实互联网安全保护技术措施，并保障互联网安全保护技术措施功能的正常发挥。

第三条 互联网提供者、联网使用单位负责落实互联网安全保护技术措施，并保障互联网安全保护技术措施功能的正常发挥。

第四条 互联网服务提供者、联网使用单位应当建立相应的管理制度。未经用户同意不得公开、泄露用户注册信息，但法律、法规另有规定的除外。互联网服务提供者、联网使用单位应当依法使用互联网安全保护技术措施，不得利用互联网安全保护技术措施侵犯用户的通信自由的通信秘密。公安机关公共信息网络安全监察部门负责对互联网安全保护技术措施的落实情况依法实施监督管理。互联网安全保护技术措施应当符合国家标准。没有国家标准的，应当符合公共安全行业技术标准。

第五条 公安机关公共网络安全监察部门负责对互联网安全保护技术措施的落实情况依法实施监督管理。

第六条 互联网安全保护技术措施应当符合国家标准。没有国家标准的，应当符合公共安全行业技术标准。

第七条 互联网服务提供者和联网使用单位应当落实以下互联网安全保护技术措施：

（1）防范计算机病毒、网络入侵和攻击破坏等危害网络安全事项或者行为的技术措施。

（2）重要数据库和系统主要设备的备份措施。

（3）记录并留存用户登录和退出时间、主叫号码、账号、互联网地址或域名、系统维护日志的技术措施。

（4）法律、法规和规章规定应当落实的其他安全保护技术措施。

第八条 提供互联网接入服务的单位除落实本规定第七条规定的互联网安全保护技术措施外，还应当落实具有以下功能的安全保护技术措施：

（1）记录并保存用户注册信息。

（2）使用内部网络地址与互联网网络地址转换方式为用户提供接入服务的，

能够记录并留存用户使用的互联网网络地址和内部网络地址对应关系。

（3）记录、跟踪网络运行状态，监测、记录网络安全事件等安全审计功能。

第九条 提供互联网信息服务的单位除落实本规定第七条规定的互联网安全保护技术措施外，还应当落实具有以下功能的安全保护措施。

（1）在公共信息服务中发现、停止传输违法信息，并保留相关记录。

（2）提供新闻、出版以及电子公告等服务的，能够记录并保存发布的信息内容及发布时间。

（3）开办门户网站、新闻网站、电子商务网站的，能够防范网站、网页被篡改，被篡改后能够自动恢复。

（4）开办电子公告服务的，具有用户注册信息和发布信息审计功能。

（5）开办电子邮件和网上短信息服务的，能够防范、清除以群发方式发送伪造、隐匿发送者真实标记的电子邮件或者短信息。

第十条 提供互联网数据中心服务的单位和联网使用单位除落实本规定第七条规定的互联网安全和保护技术措施外，还应当落实具有以下功能的安全保护技术措施：

（1）记录并留存用户注册信息。

（2）在公共信息服务中发现、停止传输违法信息，并保留相关记录。

（3）联网使用单位使用内部网络地址与互联网网络地址转换方式向用户提供接入服务的，能够记录并留存用户使用的互联网网络地址和内部网络地址对应关系。

第十一条 提供互联网上网服务的单位，除落实本规定第七条规定的互联网安全保护技术措施外，还应当安装并运行互联网公共上网服务场所安全管理系统。

第十二条 互联网服务提供者依照本规定采取的互联网安全保护技术措施应当具有符合公共安全行业技术标准的联网接口。

第十三条 互联网提供者换联网使用单位依照本规定落实的记录留存技术措施，应当具有至少保存六十天记录备份的功能。

第十四条 互联网服务提供者和联网使用单位不得实施下列破坏互联网安全保护技术措施的行为：

（1）擅自停止或者部分停止安全保护技术设施、技术手段运行。

（2）故意破坏安全和保护技术设施。

（3）擅自删除、篡改安全保护技术设施、技术手段运行程序和记录。

（4）擅自改变安全保护技术措施的用途和范围。

（5）其他故意破坏安全保护技术措施或者妨碍其功能正常发挥的行为。

第十五条 违反本规定第七到第十四条的，由公安机关依照《计算机信息网络国际联网安全和保护管理办法》第二十一条的规定处罚。

第十六条 公安机关应当依法对辖区内互联网服务提供者和联网使用单位安全保护技术措施的落实情况进行指导、监督和监察。公安机关在依法监督检查时，互联网使用单位应当派人参加。公安机关对监督检查发现的问题，应当提出改进意见，通知互联网服务提供者、联网使用单位及时整改。公安机关在监督检查时，监督检查人员不得少于二人，并应当出示执法身份证件。

第十七条 公安机关在及其工作人员违反本规定，有滥用职权，徇私舞弊行为的，对直接负责的主管人员和其他直接责任人员依法给予行政处分；构成犯罪的，依法追究刑事责任。

第十八条 本规定所称互联网服务提供者，是指用户提供互联网接入服务、互联网数据中心服务、互联网信息服务和互联网上网服务的单位。本规定所称联网使用单位，是指为本单位应用需要连接并使用互联网的单位。本规定所称提供互联网数据中心服务的单位，是指提供主机托管、租赁和虚拟空间租用等服务的单位。

第十九条 本规定自 2006 年 3 月 1 日起施行。

8.3.4 互联网信息保密管理

（1）上网信息的保密管理实行"谁上网谁负责"的原则，单位用户应当根据国家保密法规，实行上网信息保密审批领导责任制。

（2）向国际联网的站点提供或发布信息，必须经过保密审查，建立严格的保密审查和存档制度。

（3）涉及国家秘密的信息，包括在对外交往与合作中经审查、批准与境外特定对象合法交换的国家秘密信息，不得在与国际网络联网的计算机信息系统中存储、处理、传递；内部事项不得在网上公布；涉及社会安定等敏感信息要从严管理，一般不得上网。

（4）凡以提供网上信息服务为目的而采集的信息，组织者在上网发布前，应当征得提供信息单位的同意；凡对上网信息内容进行扩充或更新，要认真执行信息保密审核制度。经领导批准已公开在新闻媒体上发表的除外。

（5）个人用户必须严格遵守保密规定，确保上网信息不涉及国家秘密；提供主页制作服务的单位，要对自己制作的主页承担具体保密责任。

（6）互联单位、接入单位和用户开设电子公告系统、谈天室、网络新闻组等栏目时，应由本单位或本部门的保密工作机构或组织审批，明确保密要求和责任任何单位和个人都不得在随意发布、传播涉及国家秘密的信息。

（7）互联单位和接入单位应当把保密教育作为国际联网技术培训的重要内容，明确规定遵守国家保密法律，不得泄露国家秘密信息的条款。

8.4 电子商务交易的法律规范

8.4.1 电子合同

电子合同是指通过电子计算机网络系统设立的平等民事主体之间权利义务关系，并以电子邮件和电子数据交换等形式签订的协议。电子合同与传统合同相比，虽然也必须具备要约和承诺两个要件，但是在形式上发生了很多的变化。

电子合同的主要特征包括以下几个方面。

（1）电子合同的要约和承诺是以数据电文的方式通过计算机互联网进行的。在传统合同的订立过程中，当事人一般通过面对面的谈判或通过信件、电报、电话、电传和传真等方式提出要约和接受要约，并最终缔结合同。而电子合同的当事人均是通过电子数据的传递来完成的，一方电子数据的发出（输入）即可视为为要约；另一方电子数据的回送（回执）即为承诺。由于电子数据交换在功能上具有自动审断的功能，因此，电子合同的签订过程是通过互联网在计算机的操作下完成的，这是电子合同区别于传统合同的关键特征。

（2）电子合同交易主体的虚拟性和广泛性。订立电子合同的各方当事人通过网络运作，可以互不谋面，而电子合同的交易主体没有地域上的局限性，可以是世界上的任何自然人、法人或其他组织。

（3）电子合同的成立、变更和解除无须采用传统的书面形式，具有电子化的特点。与传统合同不同，电子合同是采用电子数据交换的方法来签订合同的，因此，电子合同的内容可以完全储存在计算机内存、磁盘或者其他接收者选择的非纸质中介物（如磁带、磁盘、激光盘等）上，无须采用书面形式。

（4）电子合同生效的方式、时间和地点与传统合同不同，无须经过传统的签字。传统合同一般以当事人签字或者盖章的方式表示合同生效,而在电子合同中,传统的签字盖章方式被电子签名所代替。传统合同的生效地点一般为合同成立的地点,而采用数据电文等形式所订立的电子合同以收件人的主营业地为电子合同成立的地点;没有主营业地的,以其经常居住地为电子合同成立的地点。传统合同一般以要约到达受要约人作为要约生效的时间,以承诺通知到达要约人作为合同生效的时间。而采用数据电文形式订立的电子合同,收件人指定特定系统接收数据电文的,该数据电文进入该特定系统的时间视为到达时间(即生效时间);未指定特定系统的,该数据电文进入收件人的任何系统的首次时间视为到达时间。

8.4.2　电子签名的法律规范

电子签名也称作"数字签名",是指用符号及代码组成电子密码进行"签名"来代替书写签名或印章,它采用规范化的程序和科学化的方法,用于鉴定签名人的身份以及对电子签名法的通过,标志着我国首部"真正意义上的信息化法律"正式诞生,已经于 2005 年 4 月 1 日起施行。法律规定,在电子商务交易中,双方使用电子签名时,往往需要由第三方对电子签名人的身份进行认证,向交易对方提供信誉保证,这个第三方一般称为电子认证服务机构。电子认证服务机构从事相关业务,需要经过国家主管部门的许可。法律规定,电子签名必须同时符合"电子签名制作数据用于电子签名时,属于电子签名人专有""签署时电子签名制作数据仅由电子签名人控制""签署后对电子签名的任何改动能够被发现""签署后对数据电文内容和形式的任何改动能够被发现"等几种条件,才能被视为可靠的电子签名。法律还规定,当事人也可以选择使用符合其约定的可靠条件的电子签名。为保护电子签名人的合法权益,法律规定,伪造、冒用、盗用他人的电子签名,构成犯罪的,依法追究刑事责任;给他人造成损失的,依法承担相应的民事责任。这部法律规定,电子签名人或者电子签名依赖方因依据电子认证服务提供者提供的电子签名认证服务从事民事活动遭受损失,电子认证服务提供者不能证明自己无过错的,承担赔偿责任。法律还规定,未经许可提供电子认证服务的,由国务院信息产业主管部门责令停止违法行为;有违法所得的,没收违法所得;违法所得 30 万元以上的,处违法所得 1 倍以上 3 倍以下的罚款;没有违法所得或者违法所得不足 30 万元的,处 10 万元以上 30 万元以下的罚款。

电子签名法规定,涉及停止供水、供热、供气、供电等公用事业服务的文书,如果采用电子签名、数据电文,并不适用于这部法律的调整范围,可能不具有法律效力。另外,"涉及婚姻、收养、继承等人身关系的""涉及土地、房屋等不动产权益转让的",也不适用于这部法律的调整范围。随着这部法律的出台和实施,电子签名将获得与传统手写签名和盖章同等的法律效力,意味着在网上通行有了"身份证"。专家认为,这部法律将对我国电子商务、电子政务的发展起到极其重要的促进作用。

8.4.3 电子认证的法律规范

1. 电子认证概念

(1) 定义。

电子认证是以电子认证证书(又称数字证书)为核心技术的加密技术,它以PKI技术为基础,对网络上传输的信息进行加密、解密、数字签名和数字验证。电子认证是电子政务和电子商务中的核心环节,可以确保网上传递信息的保密性、完整性和不可否认性,确保网络应用的安全。

(2) 特征。

电子认证以其所具有的四大特征,在信息化应用中具有基础性、关键性的作用。

① 真实性。要确保交易双方的真实身份、信息内容真实以其交易发生时间的真实性。

② 完整性。确保双方交易的信息是完整的、没有被篡改过和伪造过。

③ 机密性。确保电子交易中数据电文、交换数据、信息的保密性,使之不被交易双方以外的交易无关个体获知。

④ 不可否认性。不可否认性确保了交易双方不能对其参与过交易的事实进行抵赖,它为日后可能存在的交易纠纷提供了一个可信的证据。

2. 电子认证程序

电子认证的具体操作程序为:发件人在做电子签名前,签署者必须将他的公共密钥送到一个经合法注册,具有从事电子认证服务许可证的第三方,即CA认证中心,登记并由该认证中心签发电子印鉴证明(Certificate)。而后,发件人将电子签名文件同电子印鉴证明一并发送给对方,收件方经由电子印鉴佐证及电子签名的验证,即可确信电子签名文件的真实性和可信性。由此可见,在电子文件环境中,CA认证中心扮演的角色与上述传统书面文件签字(盖章)环境中的第三者(户政事务所)的角色有异曲同工之妙。CA认证中心正起到一个具有权威性公证功能的第三人的作用。而经CA认证机关颁发的电子印鉴证明就是证明两者之间的对应关系的一个电子资料,该资料指明及确认使用者名称及其公共密钥。使用者从公开地方取得证明后,只要查验证明书内容确实是由 CA 机关所发,即可推断证明书内的公开密钥确实为该证明书内相对应的使用者本人所拥有。如此,该公共密钥持有人无法否认与之相对应的该密钥为他所有,进而亦无法否认经该密钥所验证通过的电子签名不为他所签署。

3. 认证机构

(1) 形式。

综观一些国家设定的电子认证(CA)形式,一般有两大类:第一类由国家有关负责部门下属单位直接设立,从事电子认证服务工作。或者是由政府相关部门扮演 CA 体系中最高一层的认证中心角色。第二类由政府相关部门做出授权,规定严格的审批条件和程序签发认证证书(Certificate),同时行使监督权,以确保网络交易的安全性。无论是哪种形式,政府扮演的角色都是至关重要的。其原因有以下几点:

① 权威性。

只有经国家主管部门授权经营的电子认证服务公司或由主管部门批发经营许可证的 CA 认证机关签发的电子认证证书才有权威性。在一定意义上,这正如只有经公安部门发出的个人身份证才具有绝对可靠的权威性一样。

同时,电子认证在网络中的应用具有跨越国界的特性,国家主管部门以国家名义出面介入,从而使得电子认证效力的可靠性具有为他国承认的后果。

② 标准化。

政府主管部门可规定统一的技术方案以及不同级别的 CA 机关的电子认证标准及程序。同时,政府主管机关可担当最高一级的公共密钥认证中心的角色。这是美国各州及联邦政府以及德国等国公共密钥基础建设体系都普遍采用的一种形式。

③ 可执行性。

由于政府主管机关在 CA 认证中扮演国家的角色,因此在体系的建立、标准的设定以及兼容跨国认证等方面具有绝对权威性及统一性的特点。因此,在实施电子认证服务过程中,其可操作性及可执行性的特点是显而易见的。这就避免了可能由于不同标准(技术及服务两方面)的出现使得电子认证变得无法实施,达不到消除网上交易缺乏安全性的顾虑。

(2) 条件。

CA 机构申请从事电子认证服务牌照时,需满足一定的审批条件。政府主管部门在审核及批发许可证时，除要审查申请人的硬件措施（如办公场所的选定）、软件条件（如公司中人员的技术专业知识）外，还要审查主体资格，具有承担损害赔偿的能力等。下面简单介绍一下美国犹他州电子签名法规定 CA 提供电子认证服务的条件。

① 主体资格：可为执业律师；在犹他州注册登记的信托机机能或保险机构；犹他州州长、州法院、市、郡等已经依法律或行政命令指定执行 CA 认证业务的公务人员并为该机构员工进行认证；任何在犹他州取得营业许可的公司。

② 程序：CA 本身必须申请公开金钥凭证且须存放在主管机关设置或承认的公开金钥凭证资料库中以供大众检视读取。

③ 公证资格：须有公证人资格或至少聘雇一具有公证人资格之员工。

④ 从业人员不得有严重犯罪前科：所雇用的员工中不得有重大犯罪之前科或犯有其他诈欺、虚伪陈述或欺骗之罪行。

⑤ 专业知识：所雇用员工必须具有执行认证业务之专业知识。

⑥ 经营担保：除了政府官员或机关申请经营 CA 业务外，其他申请者必须提供营业担保。

⑦ 软硬件设施：对于经营 CA 业务所需软硬件设施，必须对该设施拥有合法的权利。

⑧ 营业场所：必须在犹他州设有营业处所或指定代理人代为执行业务。

⑨ 必须遵守主管机构的所有其他规定。

4. 服务监管办法

中华人民共和国信息产业部令第 35 号《电子认证服务管理办法》已经于 2005 年 1 月 28 日在中华人民共和国信息产业部第十二次部务会议上审议通过，自 2005 年 4 月 1 日起施行。包括八章四十二条。

8.4.4　网络交易客户与虚拟银行间的法律关系

在电子商务中，银行也变为虚拟银行。网络交易客户与虚拟银行的关系变得十分密切。除少数邮局汇款外，大多数交易要通过虚拟银行的电子资金划拨来完成。电子资金的划拨依据的是虚拟银行与网络交易客户所订立的协议。这种协议属于标准合同，通常是由虚拟银行起草并作为开立账户的条件递交给网络交易客户的。所以，网络交易客户与虚拟银行之间的关系仍然是以合同为基础的。

在电子商务中，虚拟银行同时扮演发送银行和接收银行的角色。其基本义务是依照客户的指示,准确、及时地完成电子资金划拨。作为发送银行,在整个资金划拨的传送链中,承担着如约执行资金划拨指示的责任。一旦资金划拨失误或失败,发送银行应向客户进行赔付,除非在免责范围内。如果能够查出是哪个环节的过失,则由过失单位向发送银行进行赔付,如不能查出差错的来源,则整个划拨系统分担损失。作为接收银行,其法律地位似乎较为模糊。一方面,接收银行与其客户的合同要求它妥当地接收所划拨来的资金,也就是说,它一接到发送银行传送来的资金划拨指示便应立即履行其义务。如有延误或失误,则应依接收银行自身与客户的合同处理。另一方面,资金划拨中发送银行与接收银行一般都是某一电子资金划拨系统的成员,相互负有合同义务,如果接收银行未能妥当地执行资金划拨指示,则应同时对发送银行和受让人负责。

实践中,电子资金划拨中常常出现因过失或欺诈而致使资金划拨失误或迟延的现象。如系过失所致,自然适用于过错归责原则。如系欺诈所致,且虚拟银行安全程序在电子商务上是合理可靠的,则名义发送人需对支付命令承担责任。

银行承担责任的形式通常有三种:① 返回资金,支付利息,如果资金划拨未能及时完成,或者到位资金未能及时通知网络交易客户,虚拟银行有义务返还客户资金,并支付从原定支付日到返还当日的利息。② 补足差额,偿还余额。如果接收银行到位的资金金额小于支付指示所载数量,则接收银行有义务补足差额;如果接收银行到位的资金金额大于支付指示所载数量,则接收银行有权依照法律提供的其他方式从收益人处得到偿还。③ 偿还汇率波动导致的损失。对于在国际贸易中,由于虚拟银行的失误造成的汇率损失,网络交易客户有权就此向虚拟银行提出索赔,而且可以在本应进行汇兑之日和实际汇兑之日之间选择对自己有利的汇率。

8.5 对网络犯罪的法律制裁

8.5.1 网络犯罪的概念与特征

1. 概念

网络犯罪就是犯罪分子利用编程、加密、解码技术或工具,或利用其互联网服务供应商(ISP)、互联网信息供应商(ICP)、应用服务供应商(ASP)等特殊地位或其他的方法，在互联网上实施触犯刑法的严重危害社会的行为。

简单地说，就是指以计算机网络为工具或以计算机网络资产为对象，运用网络技术知识实施的犯罪行为。"计算机除了键盘和按钮，它不会对其他任何事件作出响应或承担义务，它对过失不负责任"，计算机本身仅仅是网络犯罪的"帮凶"或"受害者"，网络犯罪的主体依然是行为人。

2. 特征

（1）犯罪人员的高智能性。网络犯罪的主体智能化是区别于传统犯罪的一个最显著特征。

（2）犯罪手法的隐蔽性强。由于网络的开放性、不确定性、虚拟性和超越时空性等，犯罪手段看不见、摸不着，破坏性波及面广，但犯罪嫌疑人的流动性却不大，证据难以固定，使得计算机网络犯罪具有极高的隐蔽性，增加了计算机网络犯罪案件的侦破难度。

（3）犯罪的成本低、传播迅速，传播范围广。如利用黑客程序的犯罪，只要几封电子邮件，被攻击者一打开，就完成了，因此，不少犯罪分子越来越喜欢用互联网来实施犯罪，而且计算机网络犯罪的受害者范围很广，接受者是全世界的人。

（4）犯罪行为具有严重的社会危害性。随着计算机的广泛普及、信息技术的不断发展，现代社会对计算机的依赖程度日益加重，大到国防、电力、金融、通信系统，小到机关的办公网络、家庭计算机都是犯罪侵害的目标。

（5）犯罪的智能化程度越来越高。犯罪分子大多具有一定学历，受过较好的教育或专业训练，了解计算机系统技术，对实施犯罪领域的业务比较熟练。

（6）犯罪主体趋于低龄化。犯罪实施人以青少年为主体，而且年龄越来越低，低龄人占罪犯比例越来越高。据统计，网络犯罪分子多数在 35 岁以下，甚至有很多是尚未达到刑事责任年龄的未成年人。

（7）利用网络进行金融犯罪的比例不断升高。利用金融网络用户终端诈骗、盗窃的案例多见报道，大多是以计算机缓存的用户个人信息为目标，以计算机网络为工具，以更多地"赚钱"为目的，窃取用户信用卡号码、银行密码等，达到自己的目的。

8.5.2 网络犯罪的种类及表现形式

1. 针对网络的犯罪表现形式

（1）网络窃密。利用网络窃取科技、军事和商业情报是网络犯罪最常见的一类。

当前，通过国际信息高速公路互联网，国际犯罪分子每年大约可窃取价值 20 亿美元的商业情报。在经济领域，银行成了网络犯罪的首选目标。犯罪形式表现为通过用以支付的电子货币、账单、银行账目结算单、清单等来达到窃取公私财产的目的。

（2）制作、传播网络病毒。网络病毒是网络犯罪的一种形式，是人为制造的干扰破坏网络安全正常运行的一种技术手段。网络病毒的迅速繁衍，对网络安全构成最直接的威胁，已成为社会一大公害。网络病毒在我国最著名的案例就是"熊猫烧香"。熊猫烧香是一种经过多次变种的蠕虫病毒变种，2006 年 10 月 16 日由 25 岁的中国湖北武汉新洲区人李俊编写，2007 年 1 月初肆虐网络，它主要透过下载的文件传染。中毒电脑会出现蓝屏、频繁重启以及系统硬盘中数据文件被破坏等现象。2007 年 2 月 12 日，湖北省公安厅宣布，李俊以及其同伙共 8 人已经落网，这是中国警方破获的首例计算机病毒大案。

（3）高技术侵害。这种犯罪是一种旨在使整个计算机网络陷入瘫痪、以造成最大破坏性为目的的攻击行为。世界上第一个将黑手伸向军用计算机系统的 15 岁美国少年米尼克凭着破译电脑系统的特殊才能，曾成功进入"北美防空指挥中心"电脑系统。

（4）高技术污染。高技术污染是指利用信息网络传播有害数据、发布虚假信息、滥发商业广告、侮辱诽谤他人的犯罪行为。由于网络信息传播面广、速度快，如果没有进行有效控制，造成的损失将不堪设想。

2. 网络扶持的犯罪的主要表现形式

（1）网上盗窃。网上盗窃案件以两类居多：一类发生在银行等金融系统；一类发生在邮电通信领域。前者的主要手段表现为通过计算机指令将他人账户上的存款转移到虚开的账户上，或通过计算机网络对一家公司的计算机下达指令，要求将现金支付给实际上并不存在的另一家公司，从而窃取现金。在邮电通信领域，网络犯罪以盗码并机犯罪活动最为突出。

例如：2012 年 4 月 7 日，孙某到江苏无锡公安机关报案称，其支付宝登录密码被人修改，账上的 47 万余元人民币被人于当日凌晨分九次转入浙江某科技有限公司账户内。案发后，无锡网安支队在第一时间调取了受害人网银账户的交易记录，发现犯罪嫌疑人将盗取的资金全部充入某网络交易平台的账户上。办案民警后来几经周折，终于在辽宁将罪犯刘某某成功抓获。这就是通过计算机下达指令从而成功实施的网上盗窃。

（2）网上诈骗。网上诈骗是指通过伪造信用卡、制作假票据、篡改电脑程序等手段来欺骗和诈取财物的犯罪行为。

拍卖诈骗在各类网络诈骗中名列榜首，这跟网上交易的模式有关。在网上拍卖，买主和卖主不用直接见面，拍卖的东西也是"虚拟"的，人们主要通过在网上竞价的方式来达成交易。这就给那些心怀叵测的人以可乘之机。他们故意以虚拟的身体注册，并在网上以极低的价格拍卖一些贵重物品，受骗者往往中标后付了款却收不到商品。山东泰安的王先生在雅宝拍卖网上通过网上竞价的方式购买了一部 Nokia8810 手机。汇款给卖主后，王先生就和这位名叫"kiss590069"的物主失去了联系。经调查发现，这位"kiss590069"还通过类似的方法骗取了另外四位网友的钱。后在警方的介入下才挽回了损失。

（3）网上色情。国际互联网是一个"无主管、无国界、无警察"的开放网络，即所谓的"网络无边，法律有限"。有了互联网，无论大人小孩只需坐在电脑前，就可以在全世界范围内查阅色情信息。互联网赋予传统的传播淫秽物品行为以更大的广泛性和更高的集中性。网络色情主要表现为以下两个方面：① 张贴淫秽图片。也就是在网络上设置网站，或者在网络上利用开放式的 Forum 或者 BBS 张贴淫秽图片。有的色情网站则定期向"订户"发送系列免费图片。在网络上设置贩卖淫秽光盘或者录像带，或者在论坛和布告栏公布目录以及交易方式。② 散布性交易信息。在网络上提供、散布卖淫信息，提供给不特定第三人进行性交易，或者从事卖淫活动。

（4）网上赌博。在网络时代，赌博犯罪也时常在网上出现。各国刑法都规定了管辖权制度，一般都能在其本国主权范围内处理这种犯罪。

（5）网上洗钱。随着网上银行的悄然兴起，一场发生在金融业的无声革命正在开始。网上银行给客户提供了一种全新的服务，顾客只要有一部与国际互联网络相连的电脑，就可在任何时间、任何地点办理该银行的各项业务。这些方便条件为"洗钱"犯罪提供了巨大的便利，利用网络银行清洗赃款比传统洗钱更加容易，而且可以更隐蔽地切断资金走向，掩饰资金的非法来源。

（6）网上教唆或传播犯罪方法。网上教唆他人犯罪的重要特征是教唆人与被教唆人并不直接见面，教唆的结果并不一定取决于被教唆人的行为。这种犯罪具有极强的隐蔽性和弥漫性。

8.5.3 网络犯罪的防范制裁

1. 加强技术研究，完善技术管理、堵塞漏洞

先进的科技预防是预防打击计算机犯罪的最有力的武器。谁掌握了科学技术，

谁就控制了电脑网络；谁首先拥有了最先进的科学技术，谁就将主宰未来。特别要注重研究、制定发展与计算机网络相关的各类行业产品，如网络扫描监控技术、数据指纹技术、数据信息的恢复、网络安全技术等。这一切都必将为计算机网络犯罪侦查以及有效法律证据的提取保存提供有力的支持帮助。只有大力加强技术建设，才能在预防打击计算机犯罪的战斗上占先锋；只有控制了计算机网络，才能在这场看不到硝烟的战争中获得最终的胜利。

2. 完善安全管理机制，严格执行安全管理规章

科学合理的网络管理体系不仅可以提高工作效率，也可以大大增强网络的安全性。事实上，大多数安全事件和安全隐患的发生，管理不善是主要原因，技术上的问题是次要的。从诸多案例中可以看出，一半以上的电脑网络漏洞是人为造成的，更多的网络攻击犯罪来自系统内部的员工，所以加强管理防堵各种管理漏洞是十分必要的。在强化管理方面，除了要严格执行国家制定的安全等级制度、国际互联网备案制度、信息媒体出境申报制度和专用产品销售许可证等制度外，还应当建立从业人员的审查和考核制度，建立软件和设备购置的审批制度、机房安全管理制度、网络技术开发安全许可证制度、定期检查与不定期抽查制度等。

3. 健全完善法律制度，做到严格执法

加快立法并予以完善，是预防计算机犯罪的关键一步，只有这样，才能使我们的执法机关在预防打击计算机犯罪行为时有法可依，更重要的是能够依法有效地严厉制裁并以此威慑潜在的计算机犯罪。要依法治国，更要依法预防打击计算机犯罪。计算机网络安全立法需要进一步加以完善。除了要完善防范惩治网络犯罪的实体规范外，还应对侦查、起诉网络犯罪的程序和证据制度加以完善，为从重、从严打击网络犯罪提供有力的法律武器。现今刑法对计算机网络犯罪的惩罚部分量刑太轻，从而放纵了很多计算机犯罪者，因此，尽快完善立法刻不容缓。

4. 加强个人道德修养，形成良好的网络道德环境

预防计算机犯罪的第一步，是需要加强人文教育，用优秀的文化道德思想引导网络社会，形成既符合时代进步的要求又合理合法的网络道德。随着计算机网络迅速发展的同时，网络虚拟社会的一些行为正在使传统的道德标准面临挑战，不是说所有的这种挑战都会导致犯罪，但是计算机网络犯罪与当今网络社会的道德失衡不无关系，像各种网络色情、腐朽思想、黑客技术的泛滥等对网民特别是广大青少年的影响很大，进而，形成了潜在的犯罪因素，因此造成了许多犯罪。正因如此，我们必须大力加强思想道德教育，建立科学健康和谐的网络道德观，这才是真正有效预防计算机犯罪的重要措施。

另外，计算机犯罪对象的多样性、远距离性、跨国性等特点决定了我们的计算机犯罪预防工作必须从各方面入手，与各部门加强合作。社会治安综合治理离不开全社会的共同参与，只有各方面的力量多方有机合作形成合力，才能聚集最大的力量预防打击计算机犯罪。

总之，在建设和谐社会主义社会的过程中，要在打击计算机犯罪活动中占得先机，在预防打击计算机犯罪的活动中取得胜利，就必须从道德、法制、科技、合作等多方面全线出击，严格执法、发展科技、注重预防、加强合作，动员一切可以动员的力量，做到"未雨绸缪，犯则必惩"，积极主动地开展计算机犯罪的预防活动，增强对网络破坏者的打击处罚力度。只有这样，才能有效地保护计算机网络使用者的合法权益，维护公共利益和国家安全，保证计算机网络的健康发展，促进社会的不断进步。

参 考 文 献

[1] 张润彤. 电子商务基础教程［M］. 北京：首都经济贸易大学出版社，2003.
[2] 黎雪微. 电子商务概论［M］. 北京：清华大学出版社，2013.
[3] 杨坚争. 电子商务基础与应用［M］. 西安：电子科技大学出版社，2012.
[4] 刘贵容，刘军，张俊杰. 电子商务概论［M］. 北京：科学出版社，2013.
[5] 郑丽，付丽丽. 电子商务概论［M］. 北京：北京交通大学出版社，2013.
[6] 姚国章. 电子商务案例［M］. 北京：北京大学出版社，2002.
[7] 赵应文，胡乐炜. 电子商务基础［M］. 北京：北京大学出版社，2012.
[8] 杨柳青. 电子商务概论［M］. 北京：经济管理出版社，2011.
[9] 刘宏. 电子商务概论［M］. 北京：北京交通大学出版社，2013.
[10] 李再跃，王宪云，甘瑁琴. 电子商务概论［M］. 北京：北京工业大学出版社，2003.
[11] 黄敏学. 电子商务［M］. 北京：高等教育出版社，2004.
[12] 覃征，李顺东. 电子商务概论［M］. 北京：高等教育出版社，2002.
[13] 段鹏. 电子商务通论［M］. 北京：北京广播学院出版社，2003.
[14] 姚国章. 新编电子商务案例［M］. 北京：北京大学出版社，2004.
[15] 沈凤池. 电子商务基础［M］. 北京：清华大学出版社，2005.
[16] 屈冠银. 电子商务物流管理［M］. 北京：机械工业出版社，2003.
[17] 刘枝盛. 电子商务基础［M］. 北京：电子工业出版社，2003.
[18] 于鹏. 电子商务基础［M］. 北京：电子工业出版社，2004.
[19] 李晓燕. 电子商务概论［M］. 西安：西安电子科技大学出版社，2004.
[20] 仝新顺，王初建，于博. 电子商务概论［M］. 北京：清华大学出版社，2013.
[21] 陈国龙，林榕航，刘传才. 电子商务学概论［M］. 厦门：厦门大学出版社，2002.
[22] 陈景艳，苟娟琼. 电子商务技术基础［M］. 北京：电子工业出版社，2003.